Die besten Geschichten

von Carla und Vilhelm Hansen

Alle lieferbaren Petzi-Comics:

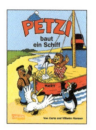  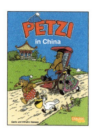 

  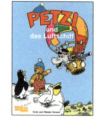 

  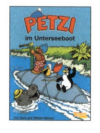 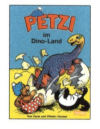

Inhalt

Vorwort: »60 Jahre ist kein Alter« 10

Petzi und seine Freunde 14

Petzi als Taucher 19

Petzi und die Geburtstagskinder 29

Petzi und der Tintenfisch 61

Petzi in China 93

Petzi bei den Pyramiden 125

Petzi auf der Robinson-Insel 157

Petzi als Bergsteiger 189

Petzi als Bauer 221

60 Jahre ist kein Alter

Von Markus Wolff

Lange waren Bären dem Menschen ein Rätsel. Denn ein Bär, das weiß schließlich jedes Kind, ist ein eher zurückhaltendes Wesen. Zumeist lebt er tief im Wald allein, und was er dort erlebt, hängt er nicht weiter an die große Glocke. Nun gibt es eine berühmte Ausnahme. Ein Bär, über den sehr viel bekannt ist. Der nur »Petzi« genannt wird, denn ähnlich wie griechische Philosophen brauchen auch große Bären keinen zweiten Namen.

Nun ist Petzi ohne Frage in vielerlei Hinsicht besonders. Schon seit frühester Jugend war klar, dass es sich bei ihm um alles andere als einen Ottonormalbären handelte – wie viele seiner Artgenossen ernähren sich schon bevorzugt von hausgemachten Pfannkuchen? Welcher Bär kann ohne nautische Erfahrung ein Schiff steuern? Oder gar ein U-Boot? Welcher ohne vorangegangenes Medizinstudium einem Nilpferd einen schmerzenden Zahn ziehen? Petzi kann es.

Zum Glück fielen dem dänischen Ehepaar Carla und Vilhelm Hansen schon vor langer Zeit diese bemerkenswerten Eigenschaften

und Fähigkeiten auf. Noch glücklicher zudem, dass Carla so gut schreiben und Vilhelm so gut zeichnen konnte. So hielten sie Petzis Erlebnisse und Abenteuer in Texten und Bildern fest, von der ersten Reise an. Und sie hatten viel zu tun. Denn Petzi ist ständig unterwegs: Baut er sich eben noch aus einer Palme einen Wüstenrennwagen, spaziert er kurz darauf schon so unbekümmert auf den Mount Everest wie unsereins durchs Treppenhaus. Ist heute hier, morgen dort.

    So verging die Zeit. Inzwischen hat Petzi seinen 60. Geburtstag gefeiert, und manch junger Leser wird denken: 60 Jahre – das ist ja so alt wie Opa! Das mag stimmen. Doch gibt es auch genügend Opas, die selbst mit Petzi groß, aber nicht alt geworden sind. Denn: 60 Jahre ist kein Alter, und für einen Bären schon mal gar nicht.
    Wer sich mit Petzi beschäftigt, den interessieren auch ganz andere Fragen. Woher kommt zum Beispiel seine enorme Sprachbegabung?

Immerhin versteht man Petzi inzwischen in mehr als einem Dutzend Länder. Er spricht unter anderem Dänisch, Englisch, Spanisch, Französisch, Isländisch, Finnisch, Schwedisch, Norwegisch. Sogar auf Japanisch könnte er so akzentfrei nach einem Stapel Pfannkuchen fragen, dass er glatt als einheimischer Bär durchginge.

Darauf bildet sich Petzi natürlich nichts ein. Ohnehin ist er ein ganz uneitler Geselle – was würde man auch anderes von jemandem erwarten, der seit mehr als einem halben Jahrhundert schon dieselbe weiß gepunktete rote Hose und blaue Mütze trägt?

Ganz Bär von Welt weiß er trotzdem immer und überall, was sich gehört. Für ihn versteht es sich von selbst, dass man beim Treffen mit dem Kaiser von China seine Kopfbedeckung abnimmt und dort beim Ausritt auf einem Drachen ein traditionelles Gewand anlegt.

Deshalb ist Petzi überall willkommen. Auch wegen seiner freundlichen, unbeschwerten Art. Niemand hat Petzi je missmutig gesehen. Selbst als sein Schiff »Mary« einmal unterging und er auf der Robinson-Insel strandete, konnte ihm das nicht den Tag verderben. Dabei gilt das Herumtreiben in tosender See unter Menschen mit Schiffbrucherfahrung als Schlechte-Laune-Grund

erster Kajüte. Kein Wunder also, dass Petzi so viele gute Freunde hat. Wie den stets tadellos mit Fliege gekleideten Pinguin Pingo und den durch wenig bis nichts aus der Ruhe zu bringenden Seehund Seebär.
Und natürlich Pelle, den praktisch veranlagten Pelikan, in dessen Schnabel sich außer Wasser alles findet, was auf Reisen nützlich sein könnte. Ob Säge, Ball oder Farbeimer. Es sind Freunde zum Pferdestehlen – was die vier natürlich niemals täten.
In den über 60 Jahren seit seinem ersten Abenteuer hat Petzi aber auch viele weitere Freunde gewonnen. Welche, die er unterwegs kennenlernte. Vor allem aber solche, die seine Geschichten lesen und nur in Gedanken mitreisen.

Und noch immer wächst der Kreis derjenigen, die Petzi mögen. Warum? Vielleicht, weil Petzi kein Bär ist wie du und ich. Weil er tut, was er will, und nicht nur tut, was er soll. Weil er keine Unterschiede macht und jeden gleich achtet – ob Kaiser oder Kaiserpinguin. Weil er zum Glück ein dickes Fell hat und schon wieder im selbst gebauten Heißluftballon oder einem Auto mit Gänse-Antrieb davonfährt, bevor ihn jemand fragen kann: »Ja, macht man das noch in deinem Alter?«

»Nur wer erwachsen wird und Kind bleibt, ist ein Mensch«, hat ein berühmter Mann einmal gesagt. Da ist ganz bestimmt etwas Wahres dran. Aber seit es Petzi gibt, muss man auf jeden Fall noch etwas hinzufügen: Denn nur wer erwachsen wird und Kind bleibt, ist ein Mensch – oder ein Bär.

**Markus Wolff
(Vielreisender,
Journalist und
großer Petzi-Freund)**

Petzi und seine Freunde

**Kennst du schon Petzi und seine Freunde?
Gemeinsam erleben sie spannende Abenteuer.**

Petzi

Petzis Erkennungszeichen sind seine blaue Mütze und die rote Hose mit den weißen Punkten. Im dänischen Original trägt er den Namen Rasmus Klump.
Der kleine Bär ist der freundliche und unternehmungslustige Anführer der Freunde.

Petzi bereist zusammen mit seinen Freunden liebend gern die Welt und erlebt dabei allerhand Abenteuer. Auf seinen Reisen muss er immer wieder knifflige Probleme lösen. Dabei kommen ihm sein Einfallsreichtum und seine Liebe zum Hämmern, Schrauben und Erfinden sehr gelegen. Unterwegs trifft Petzi andere Tiere – Freunde und Fremde –, die er nicht selten trösten, retten oder befreien muss. Umgekehrt müssen ihm selbst aber auch oft genug freundliche Helfer zu Hilfe eilen …

Pelikan Pelle

Pelle ist mit Sicherheit der klügste Pelikan der Welt. In seinem Schnabel befindet sich eine ungeheure Menge verschiedenster Gegenstände – und zwar immer genau das, was gerade gebraucht wird. Werkzeuge, Gastgeschenke oder Leckereien (vom Regenschirm über Honig bis zu trockenen Handtüchern): Der praktische Pelle zaubert das Gewünschte aus seinem Schnabel. Als einziger der Freunde kann Pelle fliegen, was ihn für besondere Aufgaben qualifiziert.

Pinguin Pingo

Pingo, der quirlige Pinguin mit der feinen Fliege, ist Petzis allerbester Freund. Pingos Familie lebt in Pingonesien – Grund genug für die Freunde, auch dorthin eine Reise zu unternehmen.
Pingo liebt vor allem Fisch, für die gemeinschaftlichen Pfannkuchenessen macht er allerdings gerne eine Ausnahme.

Seebär

Als echter Seemann trägt Seebär eine Ankertätowierung und kennt eine Menge spannender Geschichten. Doch nie kommt er dazu, seine Lieblingsgeschichte – »Wir lagen also in der Biskaya …« – zu Ende zu erzählen. Meist trifft man Seebär, der eigentlich ein Seehund ist, schläfrig und mit den Händen in der Hosentasche. Seebär ist eigentlich immer müde und immer hungrig. Am liebsten döst er mit Pfeife im Mund in seinem Schaukelstuhl – und kann nur durch die Ankündigung von Essen geweckt werden.

Die Kleinen: Schildkröte, Frosch, Papagei

Ohne »Die Kleinen« gehen Petzi und seine Freunde
gar nicht erst an Bord: Schildkröte, Papagei und
Fröschchen begleiten die Großen auf ihren Reisen
und machen sich dabei mehr oder weniger nützlich.

Am liebsten vertreiben sich die pfiffigen Kleinen die Zeit mit allerlei
(un)sinnigen Spielen – aber zumindest beim Kartenspielen sind sie
wirklich unschlagbar.

Petzis Mutter

Die aufregenden Reisen der Freunde enden regelmäßig in Petzis Küche, wo seine Mutter Berge selbst gemachter Pfannkuchen serviert. Petzi selbst stärkt sich gern auch schon vor Beginn großer Reisen, häufig muss er in der Eile jedoch die Pfannkuchen im Laufen verzehren, da die Zeit drängt. Neben Bergen von Pfannkuchen versorgt Petzis Mutter ihren Sohn auch mit reichlich Abschiedsküssen – und trockener Wäsche. Denn, Abenteuer hin oder her: Ihr ist vor allem daran gelegen, dass Petzi mit trockenen Hosen wiederkommt.

Schiff »Mary«

Die »Mary« ist der ganze Stolz von Petzi und
seinen Freunden: Ihr Schiff haben sie Planke
für Planke (einschließlich Rettungsboot!)
selbst gebaut – und schließlich nach Petzis
Mutter benannt. Nun schaukelt die »Mary« die kleinen Seeleute
sicher von Abenteuer zu Abenteuer. Aber nicht nur Schiffe, sondern
auch verschiedene andere Fahrzeuge und sogar (Vogel)Häuser oder
Brücken können die Freunde bauen.

Noch mehr große und kleine Freunde:

Strauß Karlchen

Das gefräßige kleine Kerlchen treffen die Freunde auf der Robinson-Insel. Karlchens Appetit ist riesig: Nicht einmal Steuerrad, Benzinkanister und ganze Häuser sind vor dem kleinen Strauß sicher.

Elefant Otto

Elefant Otto – der beste Ballon-Aufpuster der Welt – kommt wie gerufen, wenn die Freunde mit einem Ballon hohe Berge überqueren oder Richtung China reisen müssen.

Ursula

Ursula, das schönste Teddymädchen der Welt, lebt mit Vater König Ursus auf einer Insel. Bei seinem Besuch auf der Insel baut Petzi eine Schaukel für Ursula und reist mit dem Versprechen ab, sie bei seinem nächsten Besuch – wenn er groß ist – zu heiraten.

Wal Walburga

Das Walkind Walburga taucht im Meer immer dann auf, wenn die Freunde in Seenot geraten, Schiffe verpassen oder die Reise nach Übersee gehen soll. Walburga kann die Freunde nicht nur flugs nach Amerika bringen, sondern dabei auch gleich noch Schiff »Mary« mitnehmen – und am Ziel alle zusammen an Land pusten.

Löwe Paul Andersen und Lämmchen

Paul Andersen und Lämmchen leben auf einer Insel und laden jederzeit gern zu Lämmchens beliebter Fruchtsuppe ein. Mangels Suppenkelle wird den Gästen mit Pauls Hut aufgefüllt. Paul besitzt eine Schatzkarte, die er per Flaschenpost verschickt und darin den Finder mit der Schatzsuche beauftragt.

als Taucher

Gekürzte Fassung

»Bin ich gespannt, Kinder, was wohl in der Kiste sein mag!«

Mit einem Brecheisen sollte man besser vorsichtig umgehen …

»Ich glaube, das ist eine Laterne! Wir probieren sie aus, wenn es dunkel wird!«

»Guck mal, Seebär, in der Kiste von König Neptun war eine Laterne! Hübsch, nicht?«

»Das ist keine Laterne, Petzi, das ist ein Taucherhelm. Siehst du, er passt dir sogar!«

»Ich möchte wissen, ob er auch wirklich wasserdicht ist!«

»Und das hier, Seebär?«

»Keine Angst, Petzi, das ist keine Schlange! Das ist der Luftschlauch!«

»Er wird hier oben am Helm angeschraubt und dann kannst du tauchen!«

»Seht mal, ein Segelboot! Wer mag das sein? Und was macht der da bloß?«

»Hast du was verloren?« »Ja, meinen Hut!«

»Der Wind hat ihn mir vom Kopf geweht!« »Warte, wir helfen dir suchen!«

»Dann wollen wir euch beide mal anseilen. Seebär, fang du schon mal an zu pumpen!«

»Na, ihr könnt euch wohl noch nicht ganz entscheiden …«

»Da helfe ich wohl besser ein bisschen nach!«

»He, lass bloß die Pumpe nicht los, Seebär! Sie brauchen doch Luft!«

»Wenn sie am Seil ziehen, heißt das, dass sie wieder hinaufwollen.«

»Nun mach doch nicht so ein Gesicht, Petzi! Mir macht es Spaß!«

»Autsch! Was für eine unsanfte Landung! Ich dachte immer, der Meeresboden wäre aus weichem Sand.«

»Entschuldige bitte, liebe Krabbe, ich wollte dir nicht wehtun!«

»Au! Du hast aber einen festen Händedruck!«

»Komm, Pingo, da drüben gibt es etwas Interessantes zu sehen.«

»Wie praktisch, so eine Säge an der Nase!«

»Nett von dir, lieber Delphin, dass du mit uns spielen willst. Aber wir haben unserem Freund versprochen, seinen Hut zu suchen.«

»Ich helfe euch! Setzt euch auf meinen Rücken!«

»Guckt mal, da kommt der Hut angeschwommen! Ich versuche ihn zu fangen.«

»Platsch! Der steht dir wirklich nicht besonders, Pingo!«

»Das ist gar kein Hut! Das ist eine Qualle!«

»Die beiden ziehen aber kräftig am Seil! Sicher haben sie den Hut gefunden.«

»Wach auf, Seebär! Ich kann mich kaum noch halten!«

»Hoffentlich hält die MARY diese Geschwindigkeit aus!«

»Wie schön es ist hier unten! All die vielen hübschen Pflanzen!«

»Aber euren Hut vermisst ihr noch immer. Wir kehren um!«

»He, ihr müsst euch doch festhalten!«

»Au! Ich bin auf einem Seeigel gelandet!«

»Ich frage mich, was die beiden dort unten so lange treiben!«

»Wach doch endlich auf, Seebär! Ich kann nicht mehr. Petzi und Pingo müssen jetzt hochgehievt werden!«

»Vielleicht suchen wir noch mal in dieser Richtung, Pingo.«

»Autsch, da pikst mich schon wieder jemand!«

»Hurra! Ich hab den Hut gefunden, Pingo! Er ist am Anker hängen geblieben.« »Ich nehm noch schnell einen Fisch für Seebär mit, ehe sie uns hochziehen!«

»Donnerwetter, sind die beiden schwer!«

»Der Hut hatte sich am Anker verfangen, also mussten wir ihn mitbringen!«

»Ja, da freust du dich, Seebär! Und wir haben einen Riesenappetit auf Fischklopse!«

»Sieh nur, wir haben deinen Hut gefunden!«

»Und hier kommt er schon geflogen. Fang ihn auf!«

»So, Pingo, jetzt setzen wir unsere Taucherhelme wieder ab und fahren weiter – zum Nordpol!«

PETZI
und die Geburtstagskinder

»Wisst ihr, ich freu mich schon, endlich unser Schiff wiederzusehen – auch wenn wir noch einen ganz schön weiten Weg vor uns haben!«

»Am besten gehen wir wohl am Wasser entlang, dann können wir uns nicht verirren!«

»Es macht Spaß, eine Böschung runterzurutschen – Hauptsache, der Hosenboden hält! Seebär ist da fein raus …«

»Ich glaube, wir müssen dort entlang!«

»Warte, Petzi, Seebär hat Hunger! Er braucht was zu essen, bevor er weiterlaufen kann!«

»Hm, Pelle hat immerhin einen Kochtopf dabei. Aber wir haben nichts zu essen!«

»Was schlägst du also vor, Seebär?«

»Lasst mich nur machen … Hauptsache, Pelle hat genug Seil dabei!«

»Jetzt singt er auch noch – und so falsch! Was soll das bloß?«

»Sieh mal, Petzi, er singt so traurig, dass die Fische aus dem Wasser kommen und weinen!«

»Tja, Seebär kennt die Tricks … Gleich haben wir unsere Mahlzeit gefangen!«

»Das klang wirklich schauerlich, Seebär … Aber es hat gewirkt!«

»Nach dem Fischeintopf hast du wohl ein Schläfchen nötig. Wir erkunden solange die Gegend.«

»Wollen wir dort hochklettern? Da haben wir bestimmt eine tolle Aussicht!«

»Du hättest nicht so viel Fischeintopf essen sollen, Pingo. Du bist ganz schön schwer!«

»Hier oben gibt es viel zu sehen … Da hat zum Beispiel einer seinen Hut liegen lassen.«

»Nanu? Wo ist er denn geblieben? Ich hab ihn doch deutlich gesehen! Und jetzt ist er weg … merkwürdig!«

»Das ist wirklich unheimlich. Wie kann ein Hut so plötzlich verschwinden? Noch dazu so ein großer!«

»Oh, da ist er ja wieder! Irgendetwas stimmt da nicht!«

»Jetzt lassen wir uns nicht mehr von dem Hut auf den Arm nehmen! Ich schnapp ihn mir …«

»Tja, da staunst du, was, Petzi? Aber der Hut ist im Busch verschwunden, ich hab's genau gesehen!«

»Guten Tag, die Herrschaften! Gestatten? … Der Hut und sein bescheidener Besitzer! Hat euch mein Zaubertrick gefallen?«

»Übrigens, ich heiße Tricki, weil ich immerzu solche Zaubertricks mache. Lustig, nicht wahr?«

»Und nun gebt Acht! Das ist eine meiner besten Nummern …«

»Ihr seht, der Hut ist leer. Ja, seht ihn euch genau an! Den Trick hat noch keiner durchschaut!«

»Also, ihr habt euch alle davon überzeugt, dass der Hut leer ist. Aber das wird sich ändern …«

»Oh, passt auf, tretet nicht rein in das, was da hinter euch auf dem Weg liegt!«

»Ich sehe nichts – aber vielleicht sind wir schon reingetreten? Oder es ist weggehüpft …?«

»Und Simsalabim … Der Hut ist voll Wasser! Wenn ihr euch überzeugen wollt …« – PLATSCH!

»Na? Das ist doch wirklich eine tolle Nummer, nicht wahr? Die macht mir so leicht keiner nach!«

»Erholt euch nur einen Augenblick! Ich bin gleich wieder da …«

»Kommt mal her, ihr Kleinen, wollt ihr mir bei meiner nächsten Nummer helfen?«

»Na klar, du auch, Igelchen, spring hinein zu den anderen!«

»Tut mir Leid, Kleiner, ich hab keinen Platz mehr. Du musst bis zum nächsten Mal warten!«

»Ah, er kommt zurück! Wenn man nur wüsste, was er diesmal vorhat …«

»Seid ihr bereit? Ich brauche nur noch ein Bettlaken … Wo kriegen wir das bloß her?«

»Unser Freund Pelle hier hat fast immer alles dabei.«

»Seht ihr diesen Stein hier? Darin kann sich nun wirklich niemand verstecken …«

»Ich werfe jetzt das Zaubertuch darüber und …«

»… Simsalabim, dreimal schwarzer Kater …«

»Und schwupp! … Na? Was sagt ihr dazu? Das ist der größte Zaubertrick der Welt!«

»Das war wirklich beeindruckend … Leider müssen wir uns jetzt verabschieden und nachsehen, ob Seebär ausgeschlafen hat.«

»Oh, was für ein elegantes Fahrzeug! Wir machen am besten mal etwas Platz!«

»Guten Tag und gute Reise! … Meine Güte, du bist aber aus der Puste!«

»Habt ihr das gesehen? In der Kutsche sitzen ja Seebär und die Kleinen! Dann brauchen wir sie nicht mehr abzuholen!«

»Aber einholen müssen wir sie … Halt! Stopp! Bitte nehmt uns mit!«

»Petzi, Pingo! Wartet auf mich! Ich kann doch nicht so schnell laufen!«

»Besser so, Pelle? Dabei könntest du eigentlich ja auch fliegen …!«

»Das Eselchen hat aber ein enormes Tempo drauf! Wenn der Weg stimmt, sind wir noch vor dem Essen bei der MARY.«

»So, Jungs, auf zum Endspurt, dann holen wir sie ein!«

»Autsch! Wir sind wohl etwas zu schnell gelaufen! Oder hat der Wagen plötzlich gebremst?«

»He, Eselchen, was ist denn los mit dir? Warum bleibst du plötzlich stehen? Eben warst du doch noch so prima in Fahrt!«

»Ich bin so gerannt, um euch einzuholen … Und jetzt kann ich einfach nicht mehr!«

»Und was hältst du davon? … Du ruhst dich aus – und Pingo und ich ziehen den Wagen!«

»Hau ruck! Noch ein kleiner Schubs, und du bist drin. Dann kannst du mit Seebär ein Nickerchen machen.«

»Sag mal, ist das eigentlich der richtige Weg zu unserem Schiff? … Ach, er schläft schon!«

»Na, das ist doch gar nicht so schwer. Und der Weg wird schon stimmen, Petzi!«

»Bergauf ist es ganz schön anstrengend … Schiebst du denn auch, Pelle?«

»Puh, war das ein steiler Hügel! Aber jetzt kommen wir wieder zügig voran.«

»Weißt du vielleicht den Weg zur MARY? … Aber warum weinst du denn, Kleiner?«

»Ach so, du kannst auch nicht mehr … Na, dann darfst du natürlich mitfahren!«

»Noch ein müder Fahrgast – aber immerhin ist er nicht mehr so traurig!«

»Hallo! Was habt ihr da für einen schönen Wagen! Dürfen wir mal mitfahren?«

»Puh, langsam wird's eng da drin … und ganz schön anstrengend für uns!«

»He, habt ihr das gesehen? Petzi und seine Freunde laden zur großen Spazierfahrt ein! Alle Mann aufspringen!«

»Also, Petzi, mir wird das allmählich zu viel. Ziehen wir ein bisschen langsamer!«

»Seebär ist es wohl auch zu eng geworden. Aber er sieht ganz ausgeruht aus!«

»So warte doch, Seebär! Immerhin haben wir eine ganze Wagenladung fröhlicher Passagiere zu ziehen!«

»Also, das ist wirklich nett von Petzi, Pelle und Pingo … findet ihr nicht?«

»Seebär, bitte hilf uns ein bisschen! Der Wagen ist so schwer, und vor uns liegt wieder ein Berg!«

»Ich finde, ihr habt sie lange genug herumkutschiert. Lasst den Wagen stehen, dann können sie damit spielen.«

»Wenn man nur sich selbst den Berg hinaufschleppen muss, ist es gar nicht so schlimm …«

»Hurra, wir kommen am See heraus! Dort mündet doch der Fluss – dann sind wir bald bei unserem Schiff!«

»Das ist der richtige Fluss, oder? Die MARY muss ganz in der Nähe liegen.«

»Wir gehen einfach am Ufer entlang, das ist der sicherste Weg.«

»Na, du siehst aber traurig aus! Was ist denn nur los?«

»Also, das ist so: Ich habe morgen Geburtstag, und meine Frau wollte mir Pfannkuchen backen …«

»Nun hat sie aber das Rezept vergessen. Bei jedem neuen Versuch kommt etwas anderes raus!«

»Da! … Das ist doch eine Brezel! Die sieht doch nicht aus wie ein Pfannkuchen, oder?«

»Kipp nur den ganzen Sack Mehl hinein! Dein Mann holt ein paar Eimer Wasser, und dann stimmt die Mischung.«

»Das ist eine ganze Menge Teig … Aber Pfannkuchen kann man eigentlich nie genug haben!«

»Du musst noch warten, du hast ja erst morgen Geburtstag … Aber wir sollten doch mal kosten, ob sie auch wirklich gut sind, die Pfannkuchen …!«

»Geht ruhig schon vor, Petzi, ich komme nach. Ich bleibe noch und helfe ihnen, die misslungenen Versuche zu beseitigen! Und so misslungen sehen die ja auch gar nicht aus …!«

»Auf Wiedersehen! Schön, dass wir helfen konnten. Und satt sind wir obendrein auch noch!«

»Ich glaube, ein Pfannkuchen geht noch rein, was, Freunde?«

»Unglaublich, wie sich dieser Fluss windet! Dadurch wird der Weg ja viel weiter!«

»Dann nehmen wir eben eine Abkürzung und waten einfach durch!«

»Das müssen wir nicht, da führt ein Baumstamm quer über den Fluss!«

»Das ist ein sehr biegsamer Baumstamm! Breitet die Arme aus und versucht das Gleichgewicht zu halten.«

»Huch! ... Haltet euch fest! Das ist wohl eine Art Klappbrücke!«

»Entschuldige, liebe Giraffe, wir haben dich versehentlich für einen Baumstamm gehalten.«

»Wenn der Fluss drüben auch solche Kurven macht, können wir ja eigentlich hier bleiben!«

»Donnerwetter, was für ein sportliches Krokodil! … Ein perfekter Salto!«

»Alle, die hier wohnen, haben heute Geburtstag! Deshalb darf ich so viele Saltos schlagen, wie ich will.«

»Na, die machen sich hierzulande aber tolle Geburtstagsgeschenke!«

»Aber Ferkelchen, was wird deine Mama sagen, wenn du dich so im Schlamm suhlst?«

»Nichts! Ich hab doch heute Geburtstag, da darf ich den ganzen Tag im Matsch spielen!«

»Hurra! Ich darf heute meine alte, geflickte Lieblingshose wieder anziehen! Das ist das allerschönste Geburtstagsgeschenk!«

»Dreh den Schleifstein, Schnuff, heute darf ich mir so viele Löcher in die Hose reißen, wie ich mag!«

»Endlich mal jemand, der sich für seinen Geburtstag so richtig fein gemacht hat …!«

»Das sind wirklich lustige Geburtstagsbräuche ... Aber wir müssen jetzt endlich weiter zu unserer MARY!«

»Na, du könntest aber fröhlicher aussehen an deinem Geburtstag – wo du doch so schöne Ballons bekommen hast!«

»Ich bin ja auch ganz fröhlich, Petzi! Aber ein bisschen traurig bin ich doch ...«

»Ich kann nämlich meinen Rüssel nicht mehr herunternehmen ...«

»Warte, ich helf dir! Ich klettere auf deinen Kopf und knote einfach die Schnur auf«

»Ist der aber fest ... Gleich hab ich's geschafft ...«

»Vielen Dank, Petzi! Du kannst jetzt wieder runterklettern!«

»Aber nanu, wo steckt er denn?«

»Hallo! Hier oben bin ich! Helft mir, schnell! ... Ich wollte doch gar nicht fliegen!«

»Halt durch, Petzi, wir müssen nur einen Moment scharf nachdenken ...«

»Puh, ich kann nicht mehr! Sagt Petzi bitte, dass er meine Ballons gern behalten darf!«

»Pelle, flieg zu Petzi hinauf und tröste ihn! Dann kann ich in aller Ruhe nachdenken!«

»Nicht den Mut verlieren, Petzi! Sieh nur, wie schön es hier oben ist …!«

»Ich bleibe bei dir, bis Pingo sich einen Rettungsplan überlegt hat!«

»Kopf hoch, Petzi, bestimmt habe ich gleich eine gute Idee!«

»Au! Wer steht denn hier im Weg, wo ich doch so in Gedanken bin …?!«

»… Aber eigentlich war es ja mein Fehler … Entschuldige bitte!«

»Sieh mal, da oben fliegt nämlich Petzi … Wie kriegen wir ihn da bloß wieder runter?«

»Sag mal, Storch, könntest du mich wohl zu ihm hinauffliegen?«

»Du kannst ruhig starten, ich halte mich an deinen Beinen fest!«

»Ich weiß gar nicht, was Petzi hat – es ist doch herrlich zu fliegen!«

»Sieh mal, Petzilein, Pingo ist schon auf dem Weg zu uns!«

»Hallo, ihr beiden! Jetzt fühle ich mich hier oben gar nicht mehr so allein!«

»Dann genieß es noch ein bisschen, Petzi. Wir wissen auch schon, wie wir dich retten!«

»Hihi, wie schön das knallt! Wir bringen einfach ein paar zum Platzen, …«

»… dann geht Petzis Ballonfahrt automatisch zu Ende!«

»Hurra, Pelle! Ich schwebe abwärts … Uiii, wie das kitzelt im Bauch …!«

»Mach mal Pause mit der Knallerei, sonst macht Petzi eine Bruchlandung!«

»Oh, wie schade … Jetzt ist der Flug schon gleich vorbei.«

»Jetzt haben wir in der Aufregung doch glatt vergessen, uns nach der MARY umzuschauen …!«

»So, die Obstsuppe ist fertig, Lämmchen. Nun fehlen uns nur noch ein paar Geburtstagsgäste. Aber wo sollten jetzt wohl Gäste herkommen?«

»Na, von oben natürlich!«
»Na, so was … Sie fallen vom Himmel, wenn man sie am wenigsten erwartet!«

»Wir möchten die MARY abholen! Und ihr kriegt diese schönen Ballons, weil ihr so gut auf sie aufgepasst habt!«

»Vielen Dank, Petzi, das ist ein tolles Geschenk! Ich liebe Luftballons!«

»Ah, da liegt ja unsere gute MARY und sehnt sich nach der Mannschaft und der See …«

»Pelle, Pingo, schnell an Bord! Wir wollen Seebär und den Kleinen entgegenfahren!«

»Wir kommen, Petzi, und zwar mit reichlich Proviant: Lämmchens berühmter Obstsuppe!!«

»Heute essen wir mal auf der Brücke. Aber einen Eimer heben wir für Seebär auf – der hat sicher Hunger!«

»Auf Wiedersehen, Freunde! Und vielen Dank für die gute Obstsuppe!«

»Auf Wiedersehen und bis bald! Wir gehen jetzt mit unseren Luftballons spielen!«

»Ach, tut das gut, wieder auf der MARY zu sein! Aber Seebär und die Kleinen fehlen mir.«

»So schön der Fluss auch ist … Wie soll man denn bei all den Kurven steuern?!«

»Du kannst es wohl gar nicht abwarten, Petzi? Denk doch mal an Seebär und die Kleinen!«

»Hurra, da kommen sie ja! Mit einem ganzen Festzug! Wie schön!«

»O – oh! … Entschuldige bitte, Petzi! Ich hab mich doch so gefreut, unsere Freunde wiederzusehen!«

»Tja, die Suppe ist verschüttet, aber die Pflaumen können wir doch vielleicht noch rausfischen …!«

»… Das erinnert mich daran, wie ich in der Biskaya lag: Der Sturm heulte, es blitzte, der Koch kam angerannt und rief … Hurra, da ist ja Petzi!«

»Pingo, spuck die Pflaume aus und steuer ans Ufer, sonst fahren wir an unseren Freunden vorbei!«

»Endlich sind wir wieder alle beisammen! Seebär, alter Freund, da wartet schon ein ganzer Eimer voll Obstsuppe auf dich!«

und der Tintenfisch

»Wollen wir an den Strand gehen? Da gibt's immer was Spannendes.«

»Seht mal, da ist der Rest von dem Luftschiff, das wir neulich gebaut haben ... Ich hab eine Idee!«

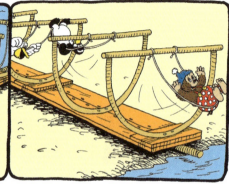

»Mit diesen Seilen bauen wir die beste Schaukel vom ganzen Strand!«

»Schau zu mir, Pingo! Ich kann das ganz ohne Festhalten.«

»So nicht, Pingo! Wir müssen im Takt schaukeln, sonst geht das schief!«

»Hör auf, die ganze Zeit ins Wasser zu fallen, Petzi. Deine Mutter mag nasse Hosen nicht.«

»Na, habt ihr angefangen, ein neues Schiff zu bauen?«, fragt Seebär. »Das ist ja eine gute Idee!« »Nein, das ist nur eine Schaukel, von der man nasse Hosen bekommt. Ist das Mick, dein kleiner Neffe? Verbringt Mick die Ferien bei dir?«

»Ja, denn das Schiff seiner Eltern ist gesunken, als sie Ferien am Südpol machen wollten.«

»Schade, dass er keine Schiffsreise machen kann.«

»Ich hab's!«, ruft Petzi. »Wir bauen ein neues Schiff, um ihn zu seinem Vater und seiner Mutter zu fahren.«

»Du weißt doch alles über Schiffe, Seebär. Kannst du uns nicht einen guten Rat geben?«

»Ja, sicher, leih mir mal eine Hängematte, Pelle.«

»Jetzt kann ich hier liegen und mir alles genau anschauen ... jedenfalls solange ich wach bin.«

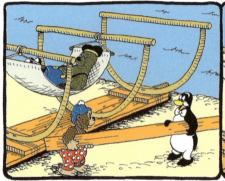

»Das ist ja schön, dass Seebär uns bei dem Schiff helfen will.«

»Ja, ich hab das Gefühl, alles geht gleich besser und schneller, wenn man einen in der Nähe hat, der sich mit Schiffen auskennt.«

»Das war das erste Brett! Sollen wir im Chor Hurra rufen?« »Nein, sonst wecken wir bloß Seebär auf.«

»Das wird ja wohl ein tolles Schiff, das ihr da baut.«

»Oh, armer Pingo! Komm und lass mich den Finger pusten.«

»Gut, dass Doktor Pille gerade vorbeigekommen ist.« »Ja, er ist ein guter Arzt.«

»Petzi kann bestimmt eine Tonne für sein Schiff gebrauchen. Komm, Brüderchen, wir bringen sie ihm!«

»Achtung, pass auf, Petzi! Aus dem Weg!«

»Gut, dass Doktor Pille hier ist. Man sollte auf einer Baustelle immer einen Arzt in der Nähe haben.«

»Wir sollten jetzt nicht so laut hämmern, Pingo. Sonst riskieren wir noch, dass Seebär aufwacht.«

»Da mach dir mal keine Gedanken, Petzi. Seebär wacht erst auf, wenn es etwas zu essen gibt.«

»Was für ein schönes Schiffsdeck! Das muss Seebär unbedingt sehen.« »Ja, aber wie kommt er heraus, wo wir ihn doch innen eingesperrt haben?«

»Dann bauen wir ihm eben eine Tür. Zum Glück ist das mit der Säge nicht so schwer.«

»Na, das wird ja fein. Ich geh' mal nach Hause, erledige etwas und mache dann ein kleines Schläfchen. Ihr könnt ja so lange weiterarbeiten.«

»Wir müssen gleich die Tür fertig machen. Ich hoffe, Pelle hat noch ein paar gute Scharniere dabei.«

»Die Türschwelle ist vielleicht etwas zu hoch geraten. Wir sollten lieber noch eine Treppe bauen, damit niemand stolpert.«

»Und wir sollten auch eine Treppe nach innen bauen, Pelle.«

»Das wird toll, Petzi. Jetzt fehlt euch nur noch der Aufbau mit den Masten und solchen Sachen.« »Gut, dass wir Seebär haben. Er weiß immer ganz genau, wie man ein Schiff bauen muss.«

»Wenn wir die Säge nehmen, können wir den Schiffsrand noch fertig bauen …«

»Da muss noch ein Geländer dran, so dass der kleine Mick nicht über Bord fallen kann.«

»Es kann nicht schaden, wenn ich hier noch ein Brett drannagele.«

»Hallo Petzi! Ich hab noch eine lange Stange übrig. Wenn ihr die für den Mast haben wollt, könnt ihr sie nehmen.«

»Das war sehr nett von Ferkelchen … und ich kann sie hier gleich für das erste Loch gebrauchen …«

»Das sieht immer so schick aus, wenn vorne am Schiff eine Stange ist.«

»Das ist hübsch mit der Stange. Mick muss das sehen. Wo ist er eigentlich?«

»Er ist gerade dorthin gegangen. Er wollte sein Taschenmesser schleifen.«
»Ein Messer? Oh! Wenn er sich damit bloß nicht schneidet!«

»Ich schau besser nach, was er macht. Messer können sehr gefährlich sein!«

»Schnitzt du an einem gefällten Baum? Was machst du da?«

»Ooooh! Er hat eine Figur geschnitzt!«

»Das sieht aus wie eine Meerjungfrau! Ist die süß!«

»So … Sie soll ganz vorn ans Schiff.«

»Da werden deine Eltern aber stolz auf dich sein, Mick! Jetzt muss ich schauen, was Pingo und Pelle gemacht haben.«

»Die haben gar nicht die ganze Zeit gespielt! Was die gebaut haben, ist ja eine ganze Villa geworden!«

»Hallo Petzi! Komm rein und schau dir unsere tolle Kajüte an.«

»Oh … da ist ja auch ein Balkon dran.« »Nein, nein … das ist ein Sprungbrett.«

»Und los, Pingo! Ab durch die Mitte!«

»Fasst mal bei der langen Stange mit an, die Ferkelchen uns geschenkt hat.«

»Oh! Seht mal, was Mick gemacht hat, während wir die Stange geholt haben!«

»Und ganz wie sein Onkel Seebär hat er immer die eine Hand in der Tasche, so dass er das Ganze mit EINER Hand gebaut hat!«

»Was willst du mit der Stange, Ferkelchen?«

»Ich will einen Steg bauen …«

»… damit ich etwas habe, worauf ich stehen kann, wenn ich euch zum Abschied winke.«

»Jetzt fehlt uns nicht mehr viel an dem Schiff.«
»Ja, noch ein paar Seile an den Masten herauf und herunter. Das sieht immer so prächtig aus.«

»Wenn du zur Spitze hochkletterst, kann ich die Leine zu dir hochwerfen.«

»Fang, Petzi!«

»Ich habe hier irgendetwas nicht richtig gemacht, Pingo … ich komme nicht los … und es fängt an zu regnen.«

»Das scheint mir ja eine verwickelte Geschichte zu werden, Petzi …«

»… aber es geht nicht, dass du nass wirst.«

»So, damit hängst du hier oben im Trockenen, bis der Regen aufgehört hat.«

»Gut, dass du kommen konntest, Peter Giraffe. dich können wir gerade sehr gut gebrauchen.«

»Noch einen Augenblick, dann bist du ein freier Bär, Petzi.«

»Rutscht ruhig noch eine Runde, wenn ihr Lust habt, Jungs. Das kitzelt so schön am Rücken.«

»Also es schmückt gewaltig, wenn ein Schiff solche Seile hat.«

»Wir müssen auch daran denken, das Steuerruder zu bauen. Sonst ist das Schiff schwer zu segeln … besonders, wenn der Wind sich dreht.«

»Na, Mick hat schon alles gemacht. Er ist wirklich gut in all den kleinen Dingen.«

»Wir müssen das Schiff auch noch anmalen! Hast du gute Farbe, Pelle?«

»Ich liebe es, zu malen. Das ist immer so friedlich, solange keiner dabei ist, der stört.«

»Schon ist der Frieden vorbei, denn da kommen die kleinen Ferkelchen!«
»Wir wollen euch helfen!«

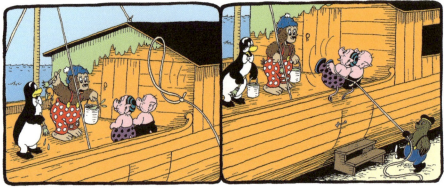

»Nein, hier oben dürft ihr nicht mit uns malen. Ihr ruiniert das Ganze bloß!«

»Na, und Mick will auch lieber nicht, dass seine schöne Kajüte ruiniert wird.«

»Gute Idee, Mick! Dort unten können sie nicht so viel Schaden anrichten.«

»Hallo, Petzi! Wir haben keine Farbe mehr!«

»Ihr sollt heute auch nichts mehr malen. Kommt mal herüber zu Ferkelchens neuem Steg …«

»… damit wir erst mal die schlimmste Farbe von euch abbekommen können, bevor eure Mutter euch so sieht.«

»So bekommst du nie die Farbe von den beiden ab, Petzi. Lass mich dir lieber zeigen, wie das geht.«

»Die werden bald so rein und fein sein wie Marzipanschweinchen.«

»Danke, Tintenfisch, so sauber sind die noch nie gewesen.«

»Kann ich euch zur Hand gehen? Ich habe ja acht Hände. Und ich kann gut malen!«

»Das geht wirklich schnell mit all den Händen.«
»Hoch mit dir, Petzi. Dann kann ich die Farbe zu dir nach oben werfen.«

»Gleich bekomme ich sie noch zu fassen.«

»Ich hab es nicht geschafft, Pingo. Du musst es noch mal versuchen.«

»Nanu?! Wer hat denn das Licht ausgemacht?«

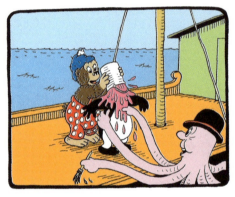 

»Ich hätte nie gedacht, dass in so einer kleinen Dose so viel Farbe sein kann.«
»Lass mich das lieber machen, Petzi.«

»Ah! Das ist herrlich, Tintenfisch!«

»Lieber male ich euch noch die Masten an.«

»Ich habe leider keine Farbe mehr, Tintenfisch.«

»Wir brauchen schwarze Farbe? Davon habe ich zum Glück reichlich!«

»Das ist wirklich praktisch mit so einem echten Tintenfisch. Für sooo viel Farbe ist selbst in meinem Schnabel kein Platz!«

»Das Deck ist jetzt frisch gestrichen, und niemand darf es betreten, so lange die Farbe feucht ist.«

»Während sie trocknet, gehe ich nach Hause und mache uns einen ordentlichen Stapel Pfannkuchen zum Mittag.«

»Nanu?!«

»Was ist das für ein fettiges Zeug, auf dem ich hier rutsche?«

»Das sieht wie Farbe aus … und ich bin damit ganz eingeschmiert!«

»Komm, ich werde dir helfen, Seebär!«

»Beeile dich bitte, Tintenfisch. Ich kann sehen, dass es Pfannkuchen für uns gibt.«

»Greift zu, es ist reichlich da!«

»Oh, du hast dich da mit Schwarz bekleckert!« »Ja, wenn ich Pfannkuchen esse, läuft mir immer das Wasser im Mund zusammen.«

»Möchtest du Pfannkuchen, Ferkelchen?« »Ich habe leider keine Zeit, Petzi …«

»Ich will doch bereit sein, euch zum Abschied zu winken, wenn ihr lossegelt.«

»Wir brauchen noch Segel. Pelle, hast du noch alte Bettlaken, die wir nehmen können?«

»Ein Segelschiff ist genauso schnell, wie ein Motorschiff, nicht wahr, Pingo?«
»Ja, besonders wenn der Wind weht.«

»Ich stehe im Wind und nehme die Segel in Empfang.«

»Am Besten schlägt man einen Haken ein, um es aufzuhängen.«

»Jetzt kommt der stolze Augenblick, in dem wir zum ersten Mal die Segel hissen.«

»Leider habe ich keine Haken mehr. Aber zum Glück können wir ja den Regenschirm nehmen, den wir hier oben vergessen haben.«

»Das Segel hängt gut an seinem Handgriff.«

»Wir müssen die Segel festbinden, damit unser Schiff bei einem Sturm nicht einfach irgendwohin fährt.« »Auf jeden Fall, sonst landen wir noch in der Südsee!«

»So können wir es gut ins Wasser schieben.«
»Nein, uns fehlt noch etwas Wichtiges.«

»Was sollen wir denn mit dem alten, kaputten Wagen, Petzi?« »Wir können das Rad gebrauchen, Pingo!«

»Nur noch ein paar Handgriffe, dann haben wir ein prima Steuerrad.«

»Jetzt binden wir das noch mit etwas Leine am Ruder fest.«

»So können wir das Ruder drehen. Das ist eigentlich ganz praktisch!«

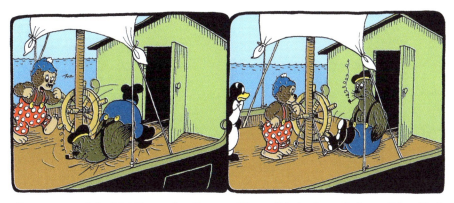

»Pass etwas auf, Seebär! Du machst die Steuerung kaputt!«

»Man soll keine lange Leine auf dem Deck festbinden, Petzi. Sonst fällt man bloß hin.«

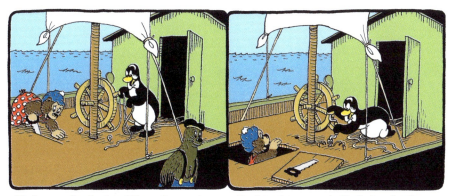

»Du hast recht, Seebär. Wir verlegen sie nach unten.«

»So, jetzt können wir die Leine durch den Frachtraum ziehen.«

»Dreh jetzt das Steuerrad, Pingo. Dann laufe ich nach hinten und sehe nach, ob es funktioniert.«

»Na, und wie das funktioniert! Das kann man auch benutzen, um sich an einem warmen Tag Luft zuzufächeln!«

»Jetzt soll unser Schiff ins Wasser! Fasst alle kräftig mit an!«

»Es rührt sich nicht vom Fleck … Ja, was will Mick denn mit der Leine?«

»Huch? Wind! Stop! Nun sticht das Schiff von selbst in See!«

»Wie kann ein Schiff sich selbst ins Wasser ziehen?«

»Ach, das war Walter, der Wal, der das Schiff hineingezogen hat.«

»Jetzt brauchen wir nur noch etwas Wind in den Segeln.«

»In der Zwischenzeit können wir dem Schiff einen Namen geben.«
»Ach, ja! Das haben wir vergessen!«

»Lass es uns MARY nennen. Das sind wir gewohnt, und es ist auch so ein schöner Name …«

»Ich habe mir gemerkt, wie man es richtig buchstabiert: M-A-R-Y.«

»Ja, das ist schön und klar.«

»Das kann jeder lesen.« »Na, hat das Schiff einen Namen bekommen?«

»Was mag das heißen?« »Aha … Mary. Ja, das ist auch ein schöner Name.«

»Warum stehen sie alle zusammen auf dem Kopf, wenn sie lesen wollen, wie das Schiff heißt?« »Von hier sieht es doch richtig aus, oder?« »Ja, sicher!«

»Vom Steg aus ist es tatsächlich schwer zu lesen … vielleicht sollten wir das Schiff auf den Kopf stellen?«

»Nein, es ist einfacher, wenn wir das nur übermalen und noch mal neu anfangen.«

»So steht es aber auf dem Kopf, wenn man sich über das Schiff beugt, Petzi.«

»Halt, Pingo! Ihr segelt ja davon!«

»Endlich Wind! Aber ihr dürft nicht ohne mich abfahren!«

»Es kommt mir vor, als ob ich Petzi rufen höre.« »Er steht vielleicht noch auf dem Steg. Ich hole ihn.«

»Petzi, du sollst auf jeden Fall mitkommen. Zum Glück war das Schiff noch am Steg festgebunden, als der Wind in die Segel blies.«

»Jetzt kommen wir endlich von der Stelle. Es ist wirklich herrlich, zu segeln!«

»So ein Wind! Wir haben vergessen, Ferkelchen zum Abschied zu winken.«

»Auf Wiedersehen, Ferkelchen! Jetzt segeln wir.« »Auf Wiedersehen, alle zusammen! Grüßt Micks Eltern.«

»Wo ist Mick denn überhaupt?« »Er macht zusammen mit Seebär ein Schläfchen.«

»Ich winke, so lange ich das Schiff sehen kann.« »Wir winken dir abwechselnd zum Abschied.«

»Jetzt lass mich mal das Ruder übernehmen, Pingo. Dann kannst du Ferkelchen zum Abschied winken.«

»Auf Wiedersehen, Ferkelchen! Grüß alle zu Hause!«
»Auf Wiedersehen, Pingo! Pass auf, dass du dich nicht erkältest.«

»Das ist ja merkwürdig, dass wir nicht weiter vom Land wegkommen. Wir segeln doch schon seit längerer Zeit.«

»Hier vorne segelt das Schiff volle Kraft voraus …«

»… aber hier hinten steht Ferkelchen immer noch auf dem Steg.«

»Nein, also jetzt habe ich keine Lust mehr zu winken. Jetzt gehe ich nach Hause.«

»Huch? Wie kommt denn das ganze Wasser an das Ende vom Steg? Ist er undicht?«

»Wie merkwürdig! Das Land verschwindet!«

»Beeil dich und komm schnell her, Petzi!«

»Das Land ist von uns weggeschwommen. Jetzt kann ich nicht nach Hause.«

»Das liegt daran, dass wir segeln. Wir haben dabei bloß vergessen, die Leine von deinem Steg loszumachen.«

»Wir haben den Steg hinter uns her gezogen. Sollen wir die Leine jetzt abschneiden?«

»Dann müsstest du besser hier herüber kommen, Ferkelchen.«
»Nein, Petzi. Ich möchte nicht so gern auf ein Segelschiff.«

»Ferkelchen will lieber auf seinem Steg bleiben. Wie weit wohnen Micks Eltern entfernt, Petzi?«

»Es ist nicht so weit und ich glaube, dass dies der richtige Weg ist.«

»Wohnen die Eltern vom kleinen Mick in dieser Richtung?« »Ja, nur geradeaus und etwas nach rechts und dann nach links.«

»Da ist eine kleine Insel vor uns, Jungs! Lasst uns die erkunden.«

»Guten Tag, liebe Eltern von Mick. Mick hat das Schiff gebaut, mit dem sie jetzt in die Ferien fahren können.«

»Hat Mick dieses große, tolle Schiff etwa selbst gebaut?« »Ja … oder wenigstens fast alleine, nicht wahr, Pingo?«

»Sollen wir euch mit dem Schiff nach Hause bringen?« »Nein, wir leihen uns bloß eine Stange aus und staken mit dem Steg nach Hause.«

»Huch … wir dürfen Seebär nicht vergessen! Er hat seit heute Mittag im Laderaum geschlafen!«

»Der gute Seebär hat unsere ganze Fahrt verschlafen.«

»Und da kommt Pingo mit der Stange und den Kleinen. Jetzt müssen wir bloß noch zum Abschied winken.«

»Jetzt hoffe ich, dass Mick und seine Eltern schöne Ferien haben, Pingo.«

»Nach der ganzen Schiffbauerei will ich jetzt auch nach Hause, Petzi.«

»Ja, lass uns heimkehren ... Sag mal, wo ist denn der Meeresgrund geblieben?«

»Entweder ist die Stange zu kurz oder das Wasser ist zu tief, Petzi.«

»Können wir euch beim Heimfahren helfen, Petzi? Sonst braucht ihr noch viele Tage.«

»Nein, die Leine ist nicht nötig. Wir wollen euch lieber schieben und drücken.«

»Oh, das geht aber schnell! Das ist ja besser als ein Außenbordmotor!«

»Hurra! Da sind wir wieder an unserem guten alten Strand!«

»Danke für die Hilfe, Freunde! Wie gut, dass man sich immer auf euch verlassen kann.«

»Das war ein herrlicher Mittagsschlaf! Sollten wir übrigens nicht bald zum Segeln aufbrechen, Petzi? Es ist schon längst Zeit …«

in China

»Oje, oje, oje! Dort draußen, wo man nicht mehr stehen kann, ist jemand. Ich glaube, er kann nicht schwimmen!«

»Du hast Recht, Petzi. Er schaukelt so, dass ich schon beim Zusehen ganz seekrank werde. Wir müssen ihn retten!«

»Pass auf, wie tief das Wasser ist, in das du mit deinem armen Kopf springst, Petzi! Sonst tust du dir weh!«

»Beeil dich, Pelle. Ich finde, sein Kopf sieht so seltsam aus.«

»Hahaha! Das ist ja bloß ein Badetier aus Gummi, das auf dem Meer herumtreibt.«

»Hier steht, dass es aus China kommt.«

»Stellt euch vor, dass es den ganzen Weg von China hierher getrieben ist. Das ist sehr weit …«

»Oh, wie die Kleinen da schuften. Was wollen sie wohl mit diesem Loch? Einen Weg durch die ganze Erde graben?«

»Ja, wenn man tief genug gräbt, kommt man auf der anderen Seite der Erde heraus, und dort liegt China. Wäre das nicht lustig?«

»Dann mal los, Leute! Wenn wir richtig zupacken, bekommen wir bestimmt chinesisches Essen zum Mittag!«

»Grabt ihr den Gemüsegarten um? Ich habe nämlich gerade einen Ballon bekommen und wollte wissen, ob ihr nicht einen Ausflug machen wollt.«

»Hallo, Petzi! Vergiss den Tunnel! Wir FLIEGEN stattdessen nach China!«

»Stellt euch vor, Seebärs Tante hat ihm einen richtigen Ballon geschenkt. Nun müssen wir ihn nur noch aufpusten!«

»Puh! Ich glaube, so viel Luft habe ich nicht. Was machen wir nun?«

»Hallo, Otto! Du kommst wie gerufen. Gleich haben wir einen aufgepusteten Ballon.«

»Bravo, Otto! Jetzt noch einmal kräftig pusten! Du bist der beste Ballonaufpuster der Welt!«

»Zieh den Rüssel etwas zurück, damit ich einen tollen Knoten machen kann, Otto.«

»Fliegt schon mal voraus«, ruft Pelle. »Ich komme dann gleich nach.«

»Oh, wie klein alles von hier oben aussieht … und wie hübsch.«

»Ich fühle mich fast wie ein Piepmatz, Petzi.«

»Oh, da kommt ein großes Gebirge. War das schon immer hier?«

»Wir kommen auf jeden Fall nicht außen herum und sicher auch nicht oben drüber, Pingo! Ich hoffe, der Sturz wird nicht allzu hart …«

»Ich finde das Herunterrollen wirklich hart, Petzi!«

»Und die Landung ist auch hart! Au, mein armer Schwanz!«

»Da kommt Pelle, um uns runterzuhelfen. Zusammen wird es schon gehen.«

»Nein, Seebär ist nicht mitgekommen. Er hat gesagt, dass wir den ganzen Weg zu ihm zurückgehen sollen. Dort hat er etwas, mit dem man besser reisen kann.«

»Kuckuck, Seebär … bist du zu Hause?«

»Das, was uns nach China bringen soll, ist bestimmt zu groß, um im Wohnzimmer Platz zu haben, Petzi.«

»Pingo hat Recht! Guckt mal, was er gebaut hat!«

»Ein richtiges Unterwasserboot! Und das hast du mit einer Hand in der Hosentasche gebaut? Bist du tüchtig, Seebär!«

»Kommt nun, Leute! Ins Wasser damit!«

»He, das hat ja toll platsch gemacht! Sollen wir es rausziehen und noch einmal hineinschieben?«

»Es ist doch wasserdicht, nicht wahr, Seebär? Ich möchte keine nassen Hosen bekommen.«

»Du hast die Schraube zu hoch gesetzt, Seebär. Sie reicht nicht ins Wasser.«

»Doch, wir müssen nur alle erst zum Achtersteven zurückgehen …

… dann gelangt die Schraube ins Wasser, und wir laufen wieder nach vorn …

… dann tauchen wir wieder, und dann laufen wir alle zurück …

… dann kommt die Schraube wieder ins Wasser, und dann machen wir so weiter …«

»Das ist ganz schön schlau, Seebär, aber ich glaube, wir bekommen sehr müde Beine auf so einer Schifffahrt. Wir sollten lieber die gute MARY nehmen …«

»Na, sollen wir den Anker lichten, Petzi?« – »Ich finde, dass wir bei einer so langen Reise auf eine lustigere Weise an Bord gehen sollten.«

»Sollen wir Purzelbäume schlagen oder so etwas, wenn wir den Anker lichten?«

»Ich habe eine Idee! Kommt, wir gehen wieder an Land.«

»Du hast so viele gute Ideen, Petzi! Stellt euch vor, wir wären einfach so losgefahren!«

»Ja, wenn wir Spaß haben wollen, müssen wir uns dafür auch anstrengen.«

»Ich bin sicher, es ist die Mühe wert!«

»Damit gehen wir an Bord, Leute!«
»Alles klar, Petzi! Ich habe Seife auf die Rutsche geschmiert!«

»Ist das lustig, Pingo?«
»Es ist toll, Pelle!«

»Das war sehr lustig, aber wenn wir so weitermachen, brauchen wir bald jede Menge Pflaster für unsere Nasen.«

»Ich denke, wir werden eine schöne Reise nach China haben, wenn sich das Wetter hält … und wir den Weg finden können.«

»Ich glaube, es frischt etwas auf …«

»Hurra! Das tut es! Wir haben eine schöne Schaukelfahrt vor uns!«

»Wie lustig! Das kitzelt im Bauch!«

»Ich … hups … glaube, ich bekomme jetzt so ein merkwürdiges Gefühl im Magen, Pelle!«

»O nein, Seebär. Nicht auch noch den Schaukelstuhl. Hier schaukelt ja schon alles!«

»Wenn ihr nicht mehr könnt, dann klettert hoch zu mir!«

»Ein Schaukelstuhl ist das beste Mittel der Welt gegen Seekrankheit.«

»Seht ihr … es ist nur das Schiff, das schaukelt. Wir stehen still!«

»Hast du nicht ein chinesisches Kochbuch dabei, Pelle? Wir müssen sehen, was sie dort unten für Sachen essen.«

»Da steht eine Menge über Reis. Das ist sicher Milchreis.« – »Lasst uns in den Hafen da drüben einlaufen und etwas Reis holen.«

»Beschaff einen ordentlichen Sack, Petzi. Denk dran, bis China ist es weit.«

»Hier, Pingo! Nun haben wir Reis genug, auch wenn wir um die ganze Welt fahren müssten.«

»Geht ihr nur los und holt, was uns sonst noch fehlt. Ich kümmere mich inzwischen um den Milchreis.«

»Seebär hat eine große Portion Reis gekocht, damit können wir üben.«

»Du hast nicht richtig im Kochbuch gelesen, Seebär! Da steht, dass man ein Kilo Reis braucht … nicht einen ganzen Sack.« – »Dann müssen wir eben ein paar Gäste einladen. Kommt alle her und esst Milchreis!«

»Hmm … das schmeckt wirklich gut. Aber jetzt brauchen wir noch ein paar Säcke mehr.«

»Beeilt euch, wir brauchen noch viel mehr Reis, und gleich lichten wir den Anker!«

»Kannst du etwas Interessantes sehen, Petzi?« – »Nee, nur zwei Enten und eine Menge Wellen.«

»Sicher ist es noch weit … hast du nichts, womit wir uns etwas die Zeit vertreiben können?«

»Doch, ein paar tolle Masken! Komm mal raus, Pingo. Dann können die Kleinen solange das Schiff steuern.«

»Oh, du bist so gemein! Spiel doch auf deiner eigenen Inselhälfte!«

»Ach, du großer Chinese …! Wie fahren die denn? Man könnte glauben, die hätten eine Schildkröte als Steuermann!«

»Hoppla! Nun haben wir jeder eine ganze Insel! Wie lustig! Dann können wir eine Brücke bauen!«

»Wenn Seebär nun mit dem Essen kommt, dann denkt er, dass wir schon in China angekommen sind.«

»Da kommt er! Der wird sich wundern …«

»Hilfe! Sind wir schon in …?!«

»Nein, das ist nur Seebär, der sich auch eine Maske aufgesetzt hat. Er hat uns alle überrascht!«

»Ist es nicht herrlich, einmal eine richtige Schiffsreise zu machen? Ich kenne viele sonderbare Geschichten von den sieben Meeren …

… zum Beispiel einmal, als ich in einem richtigen Sturm unten in der Biscaya lag, kam der Koch angestürzt, und dann … unglaublich! Da war eine Meerjungfrau …

Sie sah wirklich süß aus, nicht wahr, Pelle?« – »Du hättest sie zum Essen einladen sollen, Seebär.«

»Aber … noch einmal einen guten Tag, Frau … du willst MICH zum Essen einladen?«

»Seeleute erleben viele sonderbare Dinge. Wenn sich Seebär nur nicht erkältet.«

»Hoppla! Wir sind gerade dabei, dich auf der anderen Seite zu retten!«

»Na, konnte sie deine Pfeife nicht riechen? Die stinkt auch schrecklich. Eines Tages musst du mit dem Rauchen aufhören, Seebär.«

»Da ist Land in Sicht, Pingo. Ich glaube, das ist China.«

»Versuch, dich mehr links zu halten. Da sieht es am besten aus.«

»Gut gesteuert, Pingo!«

»Hier liegen wir genau richtig …
und da ist jemand, den wir nach dem
Weg fragen können.«

»Entschuldigung, dass wir stören,
aber ist das hier China?«

»Ach so, jawohl, ja … und dann
eine leichte Kurve nach rechts?«

»Das war nett von dir. Setz uns nur an einer
Stelle ab, wo nicht so hohe Wellen sind.«

»Danke auch für den Flug.«

»Hast du das Schild selbst gemalt? Was steht da?«

»Das weiß ich nicht, aber ich habe diese Zeichen oft gesehen, als ich zuletzt in China war, und ich finde, sie schmücken das Schiff!«

»Ah, jetzt bekommen wir Besuch. Hallo, hallo … wollt ihr nicht an Bord kommen?«

»Ich hoffe, ihr mögt Milchreis, den gibt es nämlich heute.«

»Sie sagen etwas davon, dass sie erst ›nachher‹ essen wollen. Was meinen sie wohl damit?«

»Was steht eigentlich auf diesem Schild, das Seebär gemacht hat?«

»Du musst die Zeichen im Kino gesehen haben. Die sagen, da steht ›Die Vorstellung beginnt gleich‹.«

»Jetzt nähern wir uns dem Land … Sie haben ein tolles Tor für die Einfahrt!«

»Vielleicht bekommen wir einen großen Empfang. Wir sollten uns lieber richtig fein anziehen.«

»So, nun sehe ich aus wie ein richtiger Seemann, nicht wahr, Seebär?«

»Jetzt ist die ganze Besatzung für einen richtig großen Empfang angezogen, Kapitän!«

»Was für ein hübscher Chinakai … aber wo sind all die Leute? Ich dachte, dass so viele Menschen in China leben.«

»Na, dann können wir ebenso gut unsere schicken Sachen ausziehen. Die sollen ja nicht verknittern.«

»Du hast es leichter als wir anderen, Pelle. Du brauchst nur deine Mütze abzunehmen, dann hast du wieder deine Alltagssachen an.«

»Oh, da kommen ja ganz viele. Und jetzt ist es zu spät, um nach unten zu gehen und sich wieder umzuziehen.«

»Wir könnten ja selber gehen, aber es ist sehr lustig gefahren zu werden … oder vielmehr getragen, Seebär.«

»Was für ein Schloss … und habt ihr die tolle Treppe gesehen? So eine möchte ich gern zu Hause haben, aber dann muss Mutter ein viel größeres Haus bauen.«

»Was sagt ihr? Sollen wir hineingehen und sehen, ob jemand zu Hause ist?«

»Was für höfliche Menschen! Sie haben uns sicher erwartet.«

»Guten Tag, guten Tag … wir kamen gerade vorbei und wollten Hallo sagen.«

»Er hat sicher nicht auf uns gewartet, aber es war eine sehr lustige Begegnung … hups …«

»Na, da kommen noch andere Leute. Das sind sicher die richtigen Gäste.«

»Hoppla, die haben auch einen Tritt bekommen. Vielleicht waren das auch nicht die richtigen … oder vielleicht macht man das hierzulande so.«

»Hallo, Leute … sie rufen uns. Vielleicht sollen wir noch einmal hinunterfliegen?«

»Na, begrüßt du alle auf diese Weise? Wie gut, dass die Treppe nicht höher war.«

»Ach ja, wir würden uns sehr gern umsehen. Du hast so ein interessantes Schloss …«

»Die kaiserlichen Ställe? Ich wette, dass du ein paar tolle Pferde hast.«

»Hör mal, Petzi. Kannst du den Kaiser nicht fragen, ob wir ausreiten dürfen? Wir könnten um die Wette reiten.«

»Also, wenn du ›drei‹ sagst, fangen wir an, um die Wette zu laufen.«

»Meiner ist sicher mehr ein Springer als ein Traber! Hopp, kleine Lotte …«

»Ich glaube, mein Pferd gewinnt, Seebär!«

»Oh, dein Pferd wächst mit seinen Aufgaben. Was für ein Hals!«

»Na ja, was man nicht in den Beinen hat, muss man im Kopf haben.«

»Bravo! Du hast gewonnen, Seebär! Wenn der Rest von deinem Pferd ins Ziel kommt, wirst du mit einem dreifachen Hurra empfangen!«

»Hier ist es überall sehr schön, aber wäre es nicht lustig, das alles von oben zu sehen? Wollen wir nicht mit ihm dort einen Ausflug machen?«

»Wie groß China ist! Aber warum sind da Löcher in euren Berggipfeln? Werden die nicht innen drin nass, wenn es regnet?«

»Nun ja, das sind Vulkane! Und das war einer von denen, die immer noch arbeiten. Puha!«

»Es ist lustig, wenn sie rauchen, aber man bekommt eine schwarze Nase davon.«

»He, es wird plötzlich nass!«   Blub … blubber … blubber

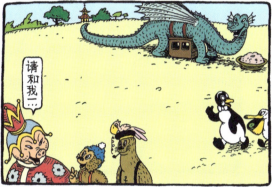

»Es ist angenehm, wieder sauber zu sein, aber Seebär will nun gern wieder runter. Er hat eine wichtige Verabredung mit einem Bauernfrühstück.«

»Ob wir zu einem Festessen kommen wollen? Ja, danke. Wir kommen wirklich sehr gern, aber wir müssen uns erst mal umziehen.«

»Von dir frische Kleider leihen? Ja, das wäre prima.«

»Seebär will lieber zu Hause auf der MARY essen und einen Mittagsschlaf halten, aber er kommt später wieder.«

»Das sind ja ein paar tolle Reittiere, die sie hier haben, nicht wahr, Petzi?«

»Ja, das schmeckt köstlich, aber vielleicht könnten wir um ein paar Löffel und eine größere Schale bitten.«

»Und wir können so viele Portionen bekommen, wie wir wollen. Er ist so zuvorkommend!«

»Ja, das ist ein richtiges Familienpferd mit genug Platz für eine große Familie!«

»Du musst uns entschuldigen, aber wir sind so müde …«

»Habt ihr meine tolle Nachtlampe gesehen?«

»Ja, und ich kann mich selbst in den Schlaf schaukeln.«

»Das brauche ich nicht, weil ich so eine weiche Matratze habe. Schlaft gut, Freunde!«

»Na, willst du lieber duschen, Petzi? Ich mag ja morgens am liebsten eine richtige Badewanne.«

»Ich habe Seebär noch nicht gesehen. Wo mag er sein?«

»Wenn man nach Seebär sucht, sollte man immer in der Küche anfangen. Er versucht bestimmt dem Koch beizubringen, wie man Fischragout macht!«

»Wir werden also keinen Fisch zum Frühstück haben, Seebär?«

»Ob wir Eier haben wollen? Ja, danke, gern. Ist das der kaiserliche Hühnerhof?«

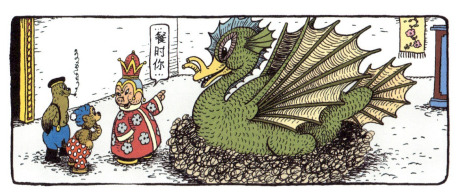

»Uff, das nenne ich eine Glucke.«

»Und hast du das gesehen, Seebär? Ein Ei mit eigenem Eingang!«

»Was denkst du, Seebär, sollen wir ein Omelett machen oder darum bitten, dass man das Ei für uns weich kocht?«

»Ich glaube, wir sollten einen Pfannkuchen machen. Der schmeckt so gut.«

»Ob es wohl ein leckeres Rezept für Pfannkuchen in Pelles Kochbuch gibt? Ja, da ist es!«

»Oh, da hat sich der Pfannkuchen in Luft aufgelöst! Wir müssen etwas anderes finden.«

»Weißt du was? Ich denke, wir sollten nach Hause gehen. Dann können wir auf der MARY Pfannkuchen backen.«

»Leb wohl, liebes China. Wir kommen ein anderes Mal vorbei. Bist du so nett und reichst mir die Marmelade für meinen Pfannkuchen, Pingo?«

PETZI
bei den Pyramiden

»Niemand backt so gute Pfannkuchen wie du, Mama! Wenn der Stapel bis zur Decke geht, bringe ich den anderen auch was. Wir müssen uns satt essen, bevor wir in See stechen!«

»So viele Pfannkuchen! Die kann man ja gar nicht zählen!«

»Hilfe! Hüpfhäschen ertrinkt fast in der Marmelade! Ich hätte doch zweimal gehen sollen.«

»Du brauchst Hüpfhäschen nicht alleine sauber zu lecken, Seebär. Dabei helfen wir dir gerne!«

»Hier kommt der letzte Pfannkuchen. Der ist für die Kleinen.«

»Alle Mann an Bord? Dann können wir ja in See stechen. Macht's gut, bis wir wiederkommen!«

»Wir schreiben euch eine Postkarte, wenn wir einen Briefkasten finden!«

»Nicht so wild, Petzi! Wenn du ins Wasser fällst, wirst du wieder nass. Halt ihn fest, Seebär!«

»Auf Wiedersehen, mein Kleiner! Und euch allen eine gute Reise!«

»Es ist schon dunkel! Ich kann gar nichts mehr sehen!«

»Hilfe! Da ist etwas im Weg! Wir haben es gerammt!«

»Petzi über Bord!!! Wirf den Anker, Pelle, und weck Seebär! Wir müssen Petzi finden!«

»Petzilein, wo bist du? Ruf doch mal ›Kuckuck‹!«

»Kuckuck! Hier bin ich. Und meine Hose ist trocken geblieben. Kommt doch rüber!«

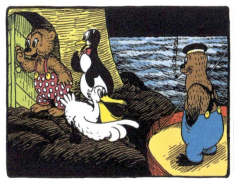

»Jetzt sagen wir dem Hausbesitzer, dass er eine Lampe ins Fenster stellen muss!«

»Ist das nicht eine tolle Treppe? Die rutschen wir nachher runter!«

»Das ist also der Hausbesitzer! Er sieht fast so aus wie Seebär, wenn er schläft. Gut, dass du Streichhölzer bei dir hast, Pelle. Sollen wir ihn aufwecken?«

»Stellt euch vor, ich musste niesen, und da ging das Licht aus und meine Streichhölzer sind alle!«

»Ein Glück, dass ich die Lampe wieder anzünden kann! Dies ist nämlich ein Leuchtturm.«

»Es hat Spaß gemacht, die Treppe runterzurutschen. Aber jetzt stechen wir wieder in See.«

»Bist du müde, Pingo? Dann geh lieber ins Bett und mach Mund und Augen zu!«

»Das Gähnen steckt an. Aber kein Wunder, wir haben ja auch die ganze Nacht nicht geschlafen!«

»Komm, wir gehen ins Bett, Pelle! Hier auf dem offenen Meer können die Kleinen allein steuern!«

»Sieh mal, mein Sohn, da kommen Petzi und seine Freunde – und die Schildkröte steht am Ruder!«

»Ah! Das Schläfchen hat gut getan! Und jetzt schön recken und strecken, Pingo!«

»Guck mal, Petzi! Wir sind gar nicht mehr auf dem Meer. Wir fahren auf einem Fluss. Das hat die Schildkröte prima gemacht!«

»Freut mich, dich kennenzulernen, Lora! Willkommen an Bord!«

»Wir müssen anlegen, Petzi. Da drüben sitzt jemand am Ufer und weint.«

»Wie heißt du denn? Und warum weinst du so?«

»Ich heiße Fleck. Und ich kann meinen Freund nicht finden.«

»Siehst du ihn vielleicht durchs Fernrohr, Pingo?«
»Nein. Aber wir wissen ja auch nicht, wie er aussieht.
Wir wissen nur, dass er gerne Ball spielt.«

»Jetzt habe ich jemanden entdeckt.
Guck du mal durchs Fernrohr, Petzi!«

»Der ist ja riesengroß! Aber das
könnte er sein.«

»Guck du doch mal, Pelle. Was meinst du? Ist das Flecks Freund?«

»Ich weiß nicht recht – er ist wirklich sehr, sehr groß!«

»Ich finde, wir sollten ihn uns mal aus der Nähe ansehen.«

»Guten Tag, Marabu! Kennst du den großen Kerl, der da drüben steht?«
»Aber ja. Das ist die Sphinx!«

»Dann gehen wir jetzt zur Sphinx und fragen sie, ob sie Flecks Freund gesehen hat.«

»Könntest du bitte solange auf die Kleinen aufpassen? Wir sind gleich wieder da!«

»Gleich? O nein, so einfach ist das nicht. Der Weg ist viel zu weit.«

»Dann müssen wir eben fahren. Und da wir keinen Wagen haben, müssen wir uns einen bauen!«

»Seht ihr die Palmen? Daraus kann man bestimmt einen schönen Wagen bauen.«

»Die ist genau richtig. Aber wir müssen erst fragen, ob wir sie fällen dürfen.«

»Killekille! Dürfen wir aus deiner Palme einen Wagen bauen?«

»Natürlich. Und du bist sicher Petzi. Ich hab schon von dir gehört!«

»Ich heiße Emil und liebe Kokosnüsse. Endlich ist mal eine runtergefallen!«

»Nur zu, Pingo, wir fangen die Nüsse schon auf!«

»So viele Kokosnüsse hab ich noch nie auf einem Haufen gesehen!«

»Bitte, Pelle, nimm eine für die Kleinen mit!«

»Aus diesem Stamm machen wir uns jetzt einen wunderschönen Wagen.«

»Komm, hilf mir, aufs Schiff aufzupassen! Und ich erzähl dir von damals, als ich in der Biscaya war.«

»Die Scheiben müssen so dick sein wie die Pfannkuchen von deiner Mama. Dann sind es gute Räder.«

»Danke für die Säge, Pelle. Was täten wir nur ohne dich und deinen Schnabel!«

»Schade, dass ein Wagen nur vier Räder braucht! Ich mache doch so gerne Räder, vor allem die Löcher!«

»Du machst ja Brennholz, Pingo!«
»Das ist kein Brennholz, Petzi, das sind die Achsen!«

»Jetzt machen wir die Räder fest, und schon ist der Wagen fertig!«

»Das macht ihr beiden wirklich wie zwei gelernte Wagenbauer!«

»Seht ihr, wie schnell sich die Räder drehen? Das wird ein Rennwagen!«

»Aber da stimmt was nicht! Die Räder drehen sich zwar, aber sie gehen nicht bis zur Erde!«

»Das ist überhaupt kein Problem. Wir drehen den Wagen einfach um, und schon fährt er!«

»Weinst du, weil du deinen Ball suchst? Hier ist er! Pelle hat ihn für dich aufgehoben.«

»Wieso fährt der Wagen nicht? Ich glaube, du musst ihn anschieben, Pingo!«

»Hurra, wir fahren! Jetzt sind wir im Nu bei der Sphinx!«

»Warum hältst du an, Pingo? Wir sind doch so gut vorangekommen!«

»Wir sind gleich da. Ohne den Wagen hätten wir das nie geschafft.«

»Gib Gas, Pelle, es geht bergab! Noch ein Endspurt, und wir sind am Ziel!«

»Mit der Sphinx kann man nicht reden. Die ist ja aus Stein.«

»Aber warum ist sie dann hier? Und was sind das für komische Häuser?«

»Das sind die Pyramiden, und die Sphinx passt auf sie auf.«

»Klopf noch mal, Petzi! Wenn die Leute schlafen, hören sie uns nicht gleich.«

»Das ist ja eine seltsame Tür! Wie mag es erst dahinter aussehen?«

»Jetzt bin ich aber sehr gespannt, wer hier drin wohnt!«

»Oh! Die Tür ist von selbst zugegangen! Wie kommen wir hier wohl wieder raus?«

»Alles halb so schlimm. Da drüben ist jemand, den wir fragen können.«

»Ja, ich mache immer die Tür auf und zu. Man muss nur an dieser Handkurbel drehen.«

»Pass auf, Petzi: Wenn man die Tür aufmachen will, dreht man so herum und zum Zumachen in die andere Richtung.«

»Das ist ja ein bisschen komisch gezeichnet. Aber die Farben sind schön.«

»Pst, wir sind in einem Krankenzimmer! Die müssen sich ja schlimm gestoßen haben!«

»Wir hätten ihnen Blumen mitbringen sollen. Aber über die Pralinen freuen sie sich bestimmt auch.«

»Warte, Fleck! Wir fragen lieber, wo die Treppe hinführt!«

»Kein Problem: In diesem Haus führen alle Treppen nach oben.«

»Was haltet ihr davon, wenn wir die Treppe nachher runterrutschen?«

»Schade, dass wir schon oben sind! Und was machen wir jetzt?«

»Wie wär's, wenn wir mal aus dem Fenster gucken, wo wir schon hier oben sind?«

»Die Aussicht ist wunderbar. Kommt, wir klettern alle nach draußen!«

»Seht mal! Da oben sitzt jemand und weint! Schnell, wir müssen ihn trösten!«

»Endlich hab ich dich gefunden! Hier, fang den Ball!«

»Da ist ja Flecks Freund! Sie spielen schon wieder Ball!«

»Halt gut fest, Petzi! Sonst seid ihr viel zu schnell unten.«

»Ich bin ja so froh, dass ihr mich wieder gefunden habt! Es war so einsam da oben auf der Pyramide.«

»Ihr seid ja richtige Akrobaten. Damit könntet ihr sofort im Zirkus auftreten!«

»Jetzt sind wir einer mehr. Ach nein. Flecks Freund zählt ja doppelt.«

»Es macht viel mehr Spaß, den Wagen zu ziehen als darauf zu fahren.«

»Hast du das kleine Haus gesehen? Ob Seebär eine Garage für unseren Wagen gebaut hat?«

»Hurra, Seebär hat eine Eisbude aufgemacht! Ein Eis ist genau das Richtige nach der langen Wüstenfahrt!«

»Mmm! Lecker! Seebär hat sich wirklich viel Mühe gegeben mit dem Eis!«

»Auf Wiedersehen! Das Eis könnt ihr ruhig aufessen. Und grüßt die Sphinx von uns!«

»Der Marabu macht sich gut als Eisverkäufer. Und Fleck und ihr Freund holen sich schon das zweite.«

»Gut, dass wir ihnen den Wagen dagelassen haben. Seht ihr, wie viel Spaß sie haben?«

»Ich höre schon wieder jemanden weinen. Kommt, wir müssen ihm helfen!«

»Na, kleiner Freund, was hast du denn? Bist du traurig? Hast du Hunger?«

»Ich hab so schreckliches Zahnweh! Könnt ihr mir helfen?«

»So, das Tau ist gut verknotet. Jetzt können wir den Zahn rausziehen.«

»Hau ruck! Ihr müsst fester ziehen! Und noch mal: hau ruck!«

»Der Zahn sitzt zu fest. Ihr müsst es anders versuchen.«

»Dann ziehen wir ihn eben mit Motorkraft. Achtung, volle Fahrt voraus!«

»So geht es auch nicht! Wir ziehen dich ja bloß hinter uns her.«

»Ich hab eine bessere Idee. Wir binden dich am Ufer fest.«

»So müsste es gehen. Und der Baum wird schon halten. Achtung, fertig, los!«

»Sei ganz tapfer! Es knackst schon, gleich ist er draußen! Zum Glück ist es ein Milchzahn.«

»Siehst du, das war doch kinderleicht. Jetzt musst du nur noch gut spülen!«

»Vielen Dank auch! Gut, dass ihr vorbeigekommen seid. Ihr seid wirklich Weltmeister im Zähneziehen!«

»Gern geschehen. Möchtest du ihn behalten, zur Erinnerung?«

»Heb ihn gut auf! Und bald bekommst du einen schönen neuen Zahn.«

»Nanu, wo ist denn unser Schiff? Sind sie nun linksrum gefahren oder rechtsrum?«

»Hurra, Petzi, wir sind richtig! Da ist das Boot von der Schildkröte.«

»Jetzt können wir uns einfach am Tau entlang ziehen.«

»Aber ich begreife immer noch nicht, warum sie ohne uns weitergefahren sind!«

»Prima, Petzi! Diesmal ist das Boot nicht umgekippt und deine Hose bleibt trocken.«

»Vielen Dank, ihr beiden! Ohne euch wären wir nicht so schnell wieder an Bord gekommen.«

»Ich kann Seebär einfach nicht wach kriegen. Das ist schon der dritte Eimer Wasser.«

»Er wollte ein Nickerchen machen und hat im Schlaf den Motor gestartet.«

»Wenn Wasser nicht hilft, müssen wir uns was anderes einfallen lassen.«

»Mit Labskaus kann man Seebär immer aufwecken!«

»Mmm! Mein Leibgericht! Ist das alles für mich?«

»Jetzt bin ich so satt, dass ich erst mal ein Nickerchen machen muss.«

»Wir hätten doch nicht aufs offene Meer fahren sollen, Petzi! Da braut sich was zusammen!«

»Es ist so stürmisch und die Wellen werden immer größer. Wir sollten Seebär wecken.«

»Gut, dass du kommst, Seebär. Wir sind in einen Orkan geraten! Halt dich lieber fest!«

»Da, eine Riesenwelle! Die erinnert mich an damals, als Seebär in der Biscaya lag. Petzi, halt bloß das Ruder fest!«

»Was hast du gesagt, Pingo? Ich konnte dich leider nicht verstehen.«

»Das ist ja wie auf der Achterbahn. Nur schade, dass Petzis Hose wieder nass wird!«

»Immerhin sind wir weich gelandet. Wo Seebär bloß bleibt?«

»Da bist du ja! Und deine Pfeife ist nicht mal ausgegangen!«

»Aber unser Schiff haben wir verloren. Die arme MARY geht wohl unter.«

»Hauptsache, wir sind gerettet. Kommt, wir zählen mal, ob alle da sind.«

»Ich bin da, Pelle, Pingo, Seebär und die Kleinen …«
»Halt, Petzi! Die Maus fehlt!«

»Da ist sie ja, mit Kokosnuss und Notflagge. Holst du sie an Land, Pelle?«

»Hurra! Jetzt sind wir alle gerettet. Nur schade, dass wir kein Schiff mehr haben.«

»Wir sind so froh, dass du wieder bei uns bist, kleine Maus!«

»Aber am allermeisten freuen sich Fröschchen und die Schildkröte, seht ihr?«

»Und was machen wir jetzt ohne Schiff in einem fremden Land?«

»Petzi, du hast doch selbst gesagt, Hauptsache, wir sind gerettet. Uns fällt schon was ein.«

»Wisst ihr, was wir machen? Wir bauen ein neues Schiff! Wir wissen jetzt, wie es geht.«

»Am besten steigen wir auf den Hügel. Dann sehen wir, ob es hier Holz gibt.«

»Ich sehe nur Wasser! Wir sind auf einer Insel gelandet. Aber wisst ihr was? Ich hab einen Bärenhunger!«

»Ah, Haferbrei! Den mögen wir alle, Pelle! Und wenn wir satt sind, sehen wir uns die Insel richtig an!«

PETZI
auf der Robinson-Insel

Petzi und seine Freunde sind mit ihrem Schiff in einen schlimmen Sturm geraten. Aber sie haben keine Angst, denn die MARY hat schon so manchem Unwetter standgehalten.

»Pingo, ein Felsen! Vorsicht!« »Ich kann nicht hinsehen, Pelle. Sag mir, wenn es vorbei ist!«

»Oje! Jetzt hilft weggucken auch nicht mehr.« »Aufgepasst! Da kommt unser Steuermann!«

»Hilf mir, Pelle, ich hab keine Puste mehr!« »Sieh mal, Schiffbrüchige! Sollen wir euch an Land bringen?«

»So bin ich noch nie geritten. Das macht Spaß!«

»Uuund – schwupp!«

»Ihr habt euch doch hoffentlich nicht wehgetan?«

»Ach wo! Und vielen Dank fürs Mitnehmen!«

»Na ja, immerhin hast du das Steuerrad gerettet, Pingo!«

»Aber, Moment mal … Wo ist Seebär?«

»Schnell, Pelle, gib mir mal das Fernrohr! Hoffentlich können wir ihn damit entdecken!«

»Unsere Boote sind schon angetrieben. Dann kann auch Seebär nicht mehr weit sein.«

»Hurra, da sitzt er, gesund und munter, und raucht ganz entspannt sein Pfeifchen!«

»Hallo, soll ich euch mitnehmen? Euer Boot ist doch viel zu klein.«

»Eine prima Idee, Klaus. Und wir müssen nicht mal rudern!«

»Da sitzt er, der Arme! Er ist eingeschlafen vor Erschöpfung … oder vielleicht vor Hunger?«

»Dass Seebär gar nicht aufwacht …! Na, jedenfalls wird er froh sein, dass sein Schaukelstuhl gerettet ist. Er hängt so sehr an ihm!«

»Hihi, das Gulasch duftet, und schon ist Seebär hellwach!«

»He, was ist das für ein Geräusch? Es knackt so eigenartig …«

»He, Kleiner, du kannst doch nicht einfach unser Steuerrad anknabbern!«

»Wenn du Hunger hast, dann iss lieber ein bisschen Gulasch!«

»Aber ich kann doch nicht mit so einem kleinen Löffel essen!«
»Warte, hier hast du einen größeren Löffel!«

»Na, du haust aber rein …!«

»He, wisst ihr was? Wir sind hier auf Robinson Crusoes Insel gelandet!«

»Oh, aber das konnten wir ja nicht wissen. Hoffentlich macht der uns jetzt keine Schwierigkeiten!«

»Aber Petzi, Robinson ist doch schon lange tot.«

»Buhuhuu, der Arme …!«

»Nun beruhig dich doch, Petzi, er ist doch schon vor über hundert Jahren gestorben!«

»Ja, aber ich hab's doch eben erst erfahren …!«

»Wir wollen mal die Insel erforschen. Kommst du mit, Klaus, oder willst du auch ein Nickerchen machen wie Seebär?«

»Was mag wohl Robinson getan haben, als er an Land ging?«

»Der ist bestimmt ganz aufgeregt herumgelaufen und …«
»Immer mit der Ruhe, Pingo!«

»Und was hat er wohl gemacht, nachdem er eine Zeit lang herumgelaufen ist, Pelle?«

»Hm, davon hat er bestimmt Hunger bekommen. Ich glaube, wir könnten auch ein paar Pfannkuchen vertragen!«

»Gut, dass du immer alles dabei hast, Pelle!«

»Bitte sehr, das Essen ist serviert! Es ist genug für alle da!«

»Mmh, sehen die gut aus … und ich hab solchen Hunger!«
»Na, dann greif einfach zu!«

»Oje, so war das eigentlich nicht gemeint!«

»Und als Robinson satt war, was hat er dann getan?«

»Dann hat er sich ein Haus gebaut!« »Prima, das machen wir auch, gleich hier unten am See.«

»Nein, Hammer und Säge brauchen wir nicht, Pingo. Hast du ein Seil dabei, Pelle?«

»Weißt du, was Petzi vorhat?«

»Ich werde nicht schlau daraus. Eigentlich wollten wir doch ein Haus bauen …!«

»Und nun zum See! Da ist unser erster Arbeitsplatz!«

»Pelle und ich platzen bald vor Neugier. Sag uns doch endlich, was du vorhast!«

»Bitte, Petzi, wann gibt's was zu essen? Ich hab schon wieder solchen Hunger!«

»Der hält uns ganz schön auf Trapp mit seinem Hunger. Mal sehen, was wir tun können …«

»Hier ist schon mal ein Topf …«

»… und ein Sack Haferflocken, das macht satt!«

»Immer schön umrühren, Pingo!«

»So, und nun rühren wir Lehm mit ein wenig Wasser an.«

»Beinahe hätte er auch noch unseren Topf aufgegessen, Petzi!«

»Dann esse ich eben die restlichen Haferflocken aus dem Sack …«

»Macht euch das auch so viel Spaß, mit dem Lehm herumzumanschen?«

»Jetzt seht ihr gleich, wozu wir den ganzen Lehm brauchen.«

»Das wird bestimmt ein ganz tolles Haus, Petzi!«

»Komisch, auf einmal hab ich eine Riesenlust auf eine kleine Lehmschlacht!«

»Beherrsch dich gefälligst, Pingo! Ich habe immerhin schon den Eingang gebaut.«

»Wir haben wirklich keine Zeit für Lehmschlachten. Wir wollen doch fertig werden, bevor Seebär und Klaus aufwachen!«

»Wenn wir so weitermachen, ist das Haus im Nu fertig!«

»He, wo ist denn unser Haus?«

»Weißt du vielleicht, wohin es verschwunden ist?«

»Ich … ich hab es aufgegessen. Ich hatte doch solchen Hunger!«

»Na hör mal, auch wenn man noch so großen Hunger hat: Häuser isst man nicht!«

»Geh spielen, Kleiner, oder mach sonst was Vernünftiges! Wir haben keine Zeit für deine Störungen!«

»Den müssen wir im Auge behalten. So viel können wir gar nicht bauen, wie der verdrückt!«

»Wie bauen wir denn das Dach, Petzi?«

»Aber wir haben doch schon ein Dach. Wir ziehen die Mauer einfach hoch bis zur Baumkrone!«

»Bleib mal so hocken, Pingo, damit die Tür auch schön rund wird!«

»Aber nicht mit dem Schwanz wackeln, ehe der Lehm ganz fest ist!«

»Da kannst du mal sehen, Pingo, was für eine gute Figur du hast!«

»Da haben wir aber einiges an Lehm verbaut, Kinder.«

»Hoppla, da ist ja unsere Säge. Dabei brauchen wir die jetzt gar nicht.«

»Jetzt bauen wir schon so lange an dem Haus und sind immer noch nicht fertig, Petzi!«

»Aber Pingo, sieh doch mal, wie hoch wir schon gebaut haben! Jetzt brauchen wir sogar eine Leiter. Und bis zu den Blättern ist es nur noch ein kleines Stück!«

»Hast ja Recht, Petzi. Da werden Seebär und Klaus vielleicht Augen machen …!«

»Komm, Seebär, jetzt zeige ich dir Robinsons Insel!«

»Hier an diesem Stein traf Robinson seinen Freund Freitag …«

»Diese Palmen wachsen so schnell, dass man dabei zusehen kann!«

»Und was ist das für ein Turm?« »Tja, ich weiß nicht, den hab ich auch noch nie gesehen!«

»Aber das ist ja Petzi! Hm, der Turm ist hübsch, aber wozu soll er gut sein?«

»Das ist doch kein Turm, das ist unser Haus! Und gleich ist es fertig!«

»Aber die Blätter erreicht ihr nie, Petzi. Die Bäume wachsen viel schneller, als ihr bauen könnt …«

»Also deshalb haben wir so viel Lehm verbraucht und sind doch nicht fertig geworden mit unserem Haus.«

»Und jetzt fängt es auch noch an zu regnen. Da müssen wir wohl eine Pause einlegen.«

»Immer herein mit euch. Wenigstens haben wir ja ein Dach über dem Kopf.«

»Du isst zu viele Pfannkuchen, Petzi, du wirst zu dick!«

»Wir beide kommen doch nicht durch die Tür. Aber so geht's ja auch!«

»Nun ja, sehr stabil war das Haus ja nicht gebaut …«

»Ja, dem Lehm scheint der Regen gar nicht zu bekommen!«

»Und unseren Freunden auch nicht. Man kann sie gar nicht mehr unterscheiden!«

»Wie gut, dass es regnet! Sonst hätten wir uns doch noch waschen müssen!«

»Ich finde, wir sollten gleich ein neues Haus bauen, nur diesmal etwas stabiler!«

»Nicht nötig, Freunde! Kommt mit, ich zeig euch was!«

»Das hier ist Robinson Crusoes Haus! Ihr könnt gleich einziehen, wenn ihr wollt …«

»Ihr könnt eintreten. Es ist alles noch so, wie er es damals verlassen hat.«

»Oh, wie gemütlich! Hier können wir wohnen, während wir uns ein neues Schiff bauen!«

»Robinson hat es aber eilig gehabt. Er hat nicht mal das Geschirr abgewaschen!«

»Sieh nur, Pelle, er hat wirklich einen Riecher für alles Essbare!«

»Und da kommt Seebär mit seinem Schaukelstuhl. Der wäre also auch zufrieden gestellt.«

»Petzi, hier ist so ein kleiner Kerl. Er sagt, er sei Zimmermann. Er hat gehört, dass wir ein Schiff bauen wollen, und möchte uns gern helfen!«

»Guten Tag, Petzi! Ich hab ein bisschen Holz, das ihr bestimmt gebrauchen könnt!«

»Aber sicher! Dürfen wir dich dafür vielleicht zum Gulasch einladen?«

»Das war aber lecker! Ich esse sonst nämlich nur geröstete Hobelspäne und Sägemehlsuppe.«

»Und jetzt zeige ich euch meinen Baumstamm!«

»Du meinst doch nicht etwa den da?«
»Warum? Findest du ihn zu groß?«

»Du wirst schon sehen, ich mach euch lauter feine Bretter daraus.«

»Diese Palme gibt bestimmt einen prima Schiffskiel ab!«

»Vorsicht, Petzi und Pelle! Macht Platz für die MARY II!«

»Die Kokosnüsse kannst du gerne haben, aber erst, wenn Pingo mit dem Sägen fertig ist.«

»Aber zuerst musst du die Nüsse aufschlagen!«

»Ein Anfang ist gemacht. Woraus bauen wir den Rest des Schiffes, Petzi?«

»Ob wir mit fünf Spanten auch auskommen?«

»Warum nicht! Aber wir müssen sie ordentlich festnageln. Hol bitte den Hammer und ein paar lange Nägel, Pingo!«

»Ja, gibt's denn so was? Erst knabbert dieses gefräßige kleine Kerlchen das Steuerrad unserer guten alten MARY an, und nun macht er selbst vor den Spanten ihrer Nachfolgerin nicht Halt …!«

»Da kommt ja unser Zimmermann schon mit den Brettern!«

»Kannst du noch mehr bringen? Diesmal soll es nämlich ein ganz großes Schiff werden.«

»Ich schaff's nicht, Pingo. Ich bin einfach nicht stark genug, um den Kiel hochzubiegen.«

»Lass mich mal ran, Petzi. Ich bin immerhin eine Riesenschildkröte!«

»Halt ihn gut fest, bis Pingo alle Nägel eingeschlagen hat!«

»Na los, Pingo. Er kann den Baumstamm doch nicht ewig halten!«

»Tut mir Leid, Freunde. Ich musste plötzlich loslassen …«

»Da hat mich doch glatt eine Fliege auf dem Rücken gekitzelt!«

»Jetzt hast du dir aber wirklich eine Verschnaufpause verdient!«

»Pass auf, Pingo, eine neue Ladung Bretter …!«

»Das Heck muss sorgfältig ausgemessen werden. Du misst die eine Hälfte, Pingo, und ich die andere!«

»Und klatsch bitte nicht in die Hände!«

»Siehst du, Pingo, so braucht man nicht mal ein Metermaß!«

»So, das Heck ist auch so gut wie fertig!«

»Ich freue mich schon auf den Tag, wenn wir das Schiff zu Wasser lassen. Aber zuerst müssen wir es umkippen und die Planken annageln!«

»Das solltest du besser mir überlassen, Petzi. Immerhin hast du noch neun heile Finger …«

»… und ich habe nur noch eine Mullbinde!«

»Hau ruck! Hoffentlich bringt unser Zimmermann bald noch ein paar Bretter!«

»Das nennt man prompte Lieferung!«

»Eins muss man dir lassen, Seebär: Mit der Säge umgehen kannst du!«

»Aua! Vielleicht sagt mir bei der nächsten Lieferung mal jemand Bescheid!«

»Hier, Petzi. Nach dem Motor habe ich nun auch noch eure alte Schiffsschraube gefunden.«

»Und Benzin haben wir auch schon, sieben Kanister voll!«

»Wieso sieben? Ich zähle nur sechs Kanister!« »Und hier kommt der siebte!«

»Siehst du auch schon unseren künftigen Schornstein, Pingo?«

»Puh, da wird einem ja schon vom bloßen Zusehen ganz warm!«

»Wie leicht das bei dir aussieht! Das hätten wir alleine nie geschafft!«

»Bin mal gespannt, wie der Rauch dadurch abziehen soll!«

»Wart's nur ab! Pingo wird den Stamm ganz und gar aushöhlen.«

»Jetzt hat er erst mal alle Hände voll zu tun. Mal sehen, wie weit Seebär inzwischen i t.«

»Das sieht ja schon wie ein richtiges Schiff aus. Die MARY II macht ihrer Vorgängerin alle Ehre!«

»Oho! Pingo ist wirklich fleißig gewesen!«

»Komisch … Pingo müsste doch eigentlich längst unten angekommen sein …«

»Kuckuck, Pelle! Kannst du Pingo sehen? Wo mag er nur stecken?

»He, Pingo, aufhören! Du buddelst dich sonst womöglich nach Australien durch!«

»Hallooo! Piingooo! Der Schornstein ist fertig! Komm endlich rauf!«

»Also, das war wirklich ein hartes Stück Arbeit, Freunde …«

»Etwas leichter ist der Stamm ja geworden durch das Aushöhlen!«

»Wir stellen ihn gleich hochkant, damit man sieht, dass es ein Schornstein ist!«

»Mensch, klasse, Seebär! Gulasch! Wir haben einen Mordskohldampf!«

»Merkwürdig, unser Hungrigster hat noch gar nichts gegessen …!«

»Na, dann schaben wir schon mal die Rinde vom Schornstein!«

»Hoppla, was ist denn das? Diese Beine kommen mir irgendwie bekannt vor.«

»Wie muss der gelitten haben, direkt am Gulaschtopf! Gut, dass noch was übrig ist!«

»Es tut gut, endlich mal wieder ein Schiffsdeck unter den Füßen zu haben! Vielen Dank noch mal für deine Hilfe. Ohne dich und den Zimmermann hätten wir es niemals geschafft!«

»Was du alles im Magen hast … Kein Wunder, dass du seekrank wirst!«

»Ahoi! Wir kommen bald wieder und besuchen euch! Passt gut auf unseren kleinen Vielfraß auf!«

als Bergsteiger

»Endlich wieder Land. Mann, was für ein hoher Berg! Oh, da kommt jemand, der sich hier vielleicht auskennt.«

»Hallo, ich bin Petzi. Weißt du, ob dies der höchste Berg der Welt ist?«

»Nein, das weiß ich leider nicht. Mich nennt man übrigens den Brillenteddy.«

»Es muss spannend sein, einen so hohen Gipfel zu erklimmen. Wollen wir es einmal versuchen?«

»Aller Anfang ist ja bekanntlich schwer …«

»… aber gut begonnen ist halb gewonnen!«

»Vielleicht ist's ja doch der höchste Berg der Welt. Wär das nicht toll?«

»Petzi, komm zurück! So besteigt man doch keinen Berg!«

»Du übertreibst es aber wirklich mit dem Tempo, Petzi!«

»Meine Güte, Petzi! Wir haben uns ganz schön erschrocken. Selbst Seebär hätte beinahe seine Hände aus den Hosentaschen genommen!«

»Jetzt kannst du was lernen. Beim Aufstieg muss man sich nämlich anseilen.«

»Das gilt vor allem, wenn die Felsen steil und gefährlich sind.«

»Seebär, wir müssen noch einmal zurück, der Brillenteddy will uns was sagen.«

»Na gut, dann setzen wir hier ein Stück Seil zur Verlängerung ein.«

»Aaah! Seebär! So geht's aber nicht!«

»Wichtige Neuigkeiten! Dies ist nicht der höchste Berg der Welt, aber er ist nicht weit.«

»Hallo, Kamelius! Würdest du unsere jungen Bergsteigerfreunde zum Mount Everest führen?«

»Wie das schaukelt bei dem Tempo! Gut, dass du die beiden Höcker zum Festhalten hast!«

»Puh, so viele Bergsteiger habe ich noch nie transportiert.«

»Vielen Dank, Kamelius. Auf geht's, Freunde!«

»Ich muss noch eine Postkarte an Mama schreiben, Pingo. Erinnerst du mich bitte daran, wenn wir oben sind?«

»Der Weg hier ist langweilig. Kommt, wir klettern direkt zum Gipfel hinauf!«

»Gute Idee, Petzi. Auf dem Weg kam mir das Seil auch schon überflüssig vor.«

»Och … das ist noch gar nicht der höchste Gipfel!«

»Hier geht's nicht weiter. Wir müssen wieder runter.«

»Auweia! Festhalten, Jungs!«

»Was seid ihr aber auch für
Tollpatsche! Nur Seebär
hat einen Schutzengel.«

»Wollen wir uns nicht ein bisschen
ausruhen? Pingo und mir wird es sicher
gut tun, zur Abwechslung mal weich
zu sitzen!«

»Aaach, hier sitzt man wie auf einer
Wolke. Aber sieh mal, Petzi, Seebär
schläft gleich ein!«

»Erzähl uns doch noch einmal, Seebär,
wie du in der Biscaya in den großen
Sturm kamst.«

»Nanu! Ist das ein Erdbeben?«

»Oh, Verzeihung! Ihr habt euch doch hoffentlich nicht weh getan? Ich backe gerade Pfannkuchen und muss meine Wohnung lüften.«

»Beeil dich, Petzi, damit ich auch noch Pfannkuchen abkriege.«

»Sieh mal, wie schön die Aussicht von hier ist.«

»Vielen Dank für die kleine Stärkung. Aber der Gipfel ruft!«

»Schau mal, Pingo! Um uns herum sind überall Berge.«

»Ob wir es wagen können, da hineinzugehen?«

»Warum denn nicht? Immerhin kommt da schon jemand heraus!«

»Hier sind eure Eintrittskarten für den Tunnel. Sie kosten nichts, ich verteile sie nur so gern.«

»Das ist aber nett von dir, vielen Dank.«
»Auf Wiedersehen, und grüßt den Schneemann von mir!«

»Mit der Eintrittskarte war es gar nicht mehr so unheimlich, durch den Tunnel zu gehen.«

»Hm, wer wohl dieser Schneemann sein mag?«

»Wer ist denn das da unten? Wenn mein Fahrrad nicht so klapprig und meine Klingel nicht so laut wäre, könnte ich hören, worüber sie sich unterhalten.«

»Seht mal, da kommt jemand! Wie ist er denn bloß mit dem Fahrrad da hinaufgekommen?«

»Guten Tag! Du hast aber ein schönes Fahrrad!«
»Leider habe ich keine Zeit! Aber grüßt den Schneemann von mir!«

»Was es wohl mit diesem Schneemann auf sich hat?!«

»Erst springen Seebär und Petzi. Pingo, du wartest!«

»Hast du nicht gehört, Pingo?«
»Aber, aber …«

»Hab keine Angst, die Schildkröte hält dich fest.«

»Sieh mal, Pingo, eine kleine Wiese! Da machen wir erst mal Rast.«

»Meine Güte, wie hoch wir schon sind.«
»Pass auf, Petzi, du …«

»Hilfe!!! Seebär, nimm die Hände aus den Taschen und halt dich fest!«

»Puh, Glück gehabt! Aber wo ist diese Matratze plötzlich hergekommen?«

»Und sie ist auch noch ziemlich gut gefedert!«

»War das lustig! Wollen wir nicht noch einmal …?«

»Hallo! Ich habe euch da oben die Aussicht bewundern sehen und schnell die Matratze herbeigeschafft. Übrigens, ich heiße Max.«

»Mein Matratzenlager! Für größere Gruppen brauche ich manchmal alle auf einmal.«

»Jetzt, wo jeder den Mount Everest besteigen will, gehen viele Matratzen kaputt.«

»Darf ich mir zwei Federn herausnehmen? Ich habe eine Idee.«
»Bitte, bedien dich!«

»Du hast ja Bärenkräfte, Petzi!«

»Was willst du denn bloß mit den Federn anfangen?«

»Sieh dir doch diese Federn mal genau an, Pingo! Die können wir gut gebrauchen!«

»Aufgepasst! Gleich werdet ihr sehen, was ich meine.«

»Halt, Petzi, so hoch darfst du nicht springen! Seebär und ich haben nämlich keine Federn an!«

»Max' Idee mit den Matratzen ist toll! So kann man hoch springen und tief fallen, ohne sich wehzutun.«

»So, jetzt wollen wir diese Hüpfdinger mal gemeinsam ausprobieren.«

»Das geht prima! Wir fliegen von einem großen Stein zum anderen.«

»Ich muss mich ausruhen. Ich bin todmüde.«

»Aber wie hält man mit den Dingern bloß an? Uns muss schnell etwas einfallen.«

»Oje, Pingo, der Arme! Er kann nicht mehr.«

»Ruh dich einen Moment aus. Ich will nur schnell nach Petzi und Seebär sehen.«

»Hallo, da seid ihr ja schon! Ich habe schon gehört, dass ihr unterwegs seid, aber ich hatte euch erst in vierzehn Tagen erwartet!«

»Jetzt seid ihr sicher sehr müde. Aber was für seltsame Schuhe habt ihr da eigentlich an?«

»Ich habe noch nie so müde Bergsteiger gesehen wie deine beiden Freunde!«

»Da unten liegt noch jemand. Könntest du mir bitte helfen ihn heraufzuholen?«

»Oh, du hast ja auch diese komischen Spiralen an den Füßen! Na, ich bringe dich erst mal zu deinen Freunden.«

»Meine Güte, sind die drei müde. Sie schlafen immer noch!«

»Komm, ich zeige dir inzwischen mein Haus. Ich wohne hier schon … hm, ich weiß gar nicht genau, wie lange. Die Zeit vergeht ja so schnell!«

»Das ist mein Fahrstuhl. Damit fahre ich jeden Tag auf den Berg zur Arbeit.«

»Er funktioniert tadellos. Ich bin noch nie zu spät gekommen.«

»Na, da bist du sprachlos, was, Pelle?«

»WUMM! Abwärts geht es schnell. Ich höre einfach zu gern den Knall, wenn mein Fahrstuhl landet.«

»So, ihr Langschläfer. Auf geht's!«

»Anstelle der Sprungfedern nehmen wir jetzt den Fahrstuhl, Petzi!«

»Gute Reise! Und grüßt Seebär von mir, er schläft immer noch.«

»Uh, hier ist es aber dunkel! Ob wir auch auf dem richtigen Weg sind?«

»Ganz schön kalt hier. Ich bin gespannt, wo wir landen.«

»Jetzt wird es wieder hell. Wir sind bestimmt gleich da!«

»Endstation! Bitte alle aussteigen!«

»Weit kann es bis zum Gipfel nun wirklich nicht mehr sein!«

»Nanu, wo kommt denn der Schneeball her? Hier gibt es doch nur Steine!«

»Entschuldigung, der Schneeball ist mir weggerollt. Bei mir ist gerade frischer Schnee gefallen.«

»Kommt mit! Ich freue mich über Gäste, und einen Kuchen habe ich auch gebacken.«

»Hereinspaziert! Habt ihr übrigens den Schneemann getroffen?«
»Nein, wer ist das?«

»Ihr werdet's schon sehen. So, ein großes Stück für jeden!«

»Ja, greif zu, Seebär. Inzwischen hole ich euch etwas, das ihr gut gebrauchen könnt.«

»Aber Seebär, die Stiefel kannst du nicht essen. Die brauchst du jetzt für die Füße. Wir sind nämlich schon an der Schneegrenze.«

»Passt auf euch auf und grüßt bitte den Schneemann von mir!«

»Wer wohl dieser Schneemann sein mag?«

»Hurra, da ist der Gipfel!«

»Lasst uns nebeneinander gehen, damit wir alle zur gleichen Zeit oben ankommen.«

»Das wird gleich ein großer Augenblick, Kinder!«

»Da sieh mal einer an: Nur die Schildkröte hat Platz!«

»Hilfe! Die Spitze bricht ab!«

»Petzi! Pingo! Das war Rettung in letzter Sekunde!«

»Keine Angst, Pingo! Seebär, hilf du der Schildkröte!«

»Warum so nachdenklich, Petzi? Wir sitzen auf dem höchsten Berg der Welt!!«

»Ja, wir haben's geschafft, aber … was machen wir nun?«
»Du wolltest doch deiner Mama schreiben, Petzi.«

»Gut, dass du mich daran erinnerst. Ich schreibe, dass wir gut angekommen sind, und grüße von euch allen. Sucht doch bitte schon mal einen Briefkasten.«

»Bewahrst du den Brief erst mal für mich auf, Pelle?«

»Diesen Schneemann haben wir ja leider nicht getroffen. Komm, Petzi, wir helfen den Kleinen, einen zu bauen.«

»So, fertig. Der bleibt hier stehen, zur Erinnerung an unsere Gipfelbesteigung!«

»Was soll das werden, Seebär?«

»Ist das eine Badewanne? Was hast du damit vor?«

»Ach so, ein Schlitten. Na los, spring auf, Seebär!«

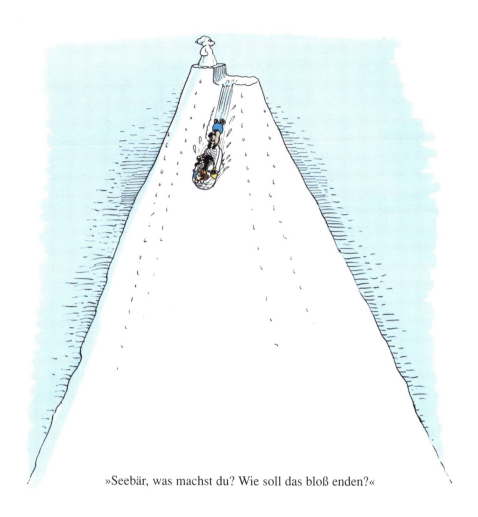

»Seebär, was machst du? Wie soll das bloß enden?«

»WUMMS!«

»Unser Schlitten ist hinüber. Sagt mal, wackelt es unter euch auch so?«

»Ach, jetzt verstehe ich … DU bist also der Schneemann vom Mount Everest!«

»Ja, und ich muss hier eine Menge Schnee schippen!«
»Mach's gut, Schneemann. Auf Wiedersehen!«

»Ich werde an die Zeitung schreiben, dass es jetzt zwei Schneemänner auf dem Mount Everest gibt.«

»Na, ihr Bergsteiger, was ist der höchste Berg der Welt gegen diese Torte?«

»Ah, die Stiefel. Die hebe ich für die nächste Bergsteigergruppe auf.«

»In Ordnung, Seebär, du darfst deine Stiefel behalten.«

»Na hör mal, Seebär! Nur weil du neue Stiefel hast, musst du doch nicht so rennen!«

»Nanu, was ist denn hier los? Der Weg … Er ist einfach verschwunden!«

»Nein, essen kann man es bestimmt nicht. Was machen wir nun?«

»Oh, jetzt weiß ich, was es ist. Eine Wolke! Wollen wir uns ausruhen, bis sie fort ist?«

»Ich will weiter. Gib mir mal bitte drei Schirme, Pelle!«

»Seid ihr bereit? Ich bin gespannt, wo wir landen.«

»Und los! Haltet euch gut an euren Schirmen fest!«

»Ist das schön, so durch die Wolken zu schweben!«

»Wir sind gleich unten. Ich kann schon wieder festen Boden sehen!«

»Holla, hier regnet's ja plötzlich!«

»Komm unter meinen Schirm, Pelle, dann wirst du nicht nass!«

»Da seid ihr ja wieder. Aus dieser Richtung hatte ich euch allerdings nicht erwartet.«

»Warte, bis Pelle seine Schirme wiederhat. Aber dann darfst du tüchtig galoppieren.«

»Sagt mal, habt ihr gesehen, ob es einen Schneemann da oben gibt?«
»Es gibt sogar zwei! Einen mit Besen und einen ohne!«

»Bevor wir in See stechen, haben Pelle und Pingo noch ein kleines Dankeschön für dich!«
»Ich wünsch euch eine gute Reise. Und danke für den Kuchen.«

PETZI

als Bauer

»Ich bin wirklich gespannt, wo wir diesmal gelandet sind!«

»So ein hübsches Haus! Sollen wir mal anklopfen?«

»Schade, dass niemand aufmacht.«

»So ein großes Haus hat bestimmt noch mehr Türen!«

»Komisch, ich bin ganz sicher, dass eben jemand an die Tür geklopft hat.«

»Hier macht auch niemand auf. Komm, wir suchen weiter!«

»Hier hat auch jemand geklopft. Und wieder ist keiner da!«

»Petzi! Pelle! Pingo! Habt ihr etwa geklopft?«

»Aber natürlich waren wir das, Gerhard Geiß!«

»Ist das komisch! Das muss ich Trine erzählen.«

»Guten Tag, lieber Seebär. Du kommst gerade richtig. Trine hat eben zum Essen gerufen.«

»Kommt, liebe Freunde! Aber wo sind denn die Kleinen?«

»Na los, hopphopp, sonst wird das schöne Essen kalt!«

»Noch nie habe ich so leckeren Haferbrei gegessen. Sagst du mir das Rezept, Trine?«
»Ja, aber nur dir, Petzi. Drei Eimer Wasser, zwei Eimer Haferflocken und eine Tasse Salz.«

»Trine ist wirklich eine Meisterköchin! So gute Kartoffeln habe ich noch nie gegessen.«

»Diese Schildkröte ist ein Schelm! Sie hat so lustige Geschichten erzählt. Nicht wahr, Pelle?«

»Wie viel Land ich habe? Das weiß ich nicht genau. Aber wenn ich morgens losgehe und einmal um meine Felder laufe, dann bin ich zum Mittagessen wieder zu Hause.«

»Warum weinst du denn so, mein Kleines?«
»Buhu! Ich kann meine Mami nicht finden!«

»Das sind aber viele, die ihre Mami nicht finden können! Kommt, wir bringen euch nach Hause.«

»Mehr passen nicht in meine Mütze. Ihr müsst laufen.«

»Was für ein Glück, dass ihr mir meine Kinder wiederbringt! Ich hab sie überall gesucht!«

»Und jetzt bleibt schön bei eurer Mami, damit sie euch nicht wieder suchen muss!«

»Gut, dass du noch Pfähle bringst! Die Kleinen können es kaum erwarten!«

»Schön festhalten! Gleich könnt ihr in eure neue Wohnung einziehen.«

»Siehst du, wie glücklich die Küken sind? Jetzt kann keins mehr verloren gehen.«

»Ein nagelneuer Pflug! Wollt ihr den nicht mal ausprobieren?«

»Aber ihr lauft ja in die falsche Richtung!«

»Nein, so geht es auch nicht. Passt auf, ich werde es euch ganz genau erklären.«

»Erst mal braucht man ein richtiges Geschirr.«

»O ja! Ich glaube, wir haben eins im Stall!«

»Da bist du ja schon wieder. Und Petzi und Gerhard auch!«

»Wenn ich jetzt ›Hü!‹ sage, musst du ziehen.«

»Prima! Aber du musst geradeaus gucken, sonst werden die Furchen schief!«

»Jetzt könnt ihr Hafer säen und nach der Ernte kann es jeden Tag Haferbrei geben.«

»Das war ein schönes Stück Arbeit!«

»Warum habt ihr denn so viele Grasbüschel stehen lassen?«

»Ach so, jetzt verstehe ich!«

»Jetzt können wir mit dem Säen beginnen.«

»Hier stehen eine Menge Kornsäcke. Auf den Wagen damit!«

»Und jetzt komm ich!«

»Wenn ich groß bin, werde ich Fuhrmann. Das macht Spaß, so spazieren zu fahren!«

»So macht man das! Man wirft die Körner nach rechts und nach links und wenn Gerhards Hut leer ist, fängt man wieder von vorne an.«

»Halt, Petzi, so werden wir nie fertig! Nein, heutzutage macht man das ganz anders.«

»Man nimmt einen Sack auf die Schulter, sticht ein paar Löcher hinein und läuft einfach los!«

»Das ist ja toll! Seebär ist nicht nur ein tüchtiger Seemann – auch auf die Landwirtschaft versteht er sich.«

»Eigentlich ist es ein Wunder, Seebär: Man legt eine Kartoffel in die Erde und bei der Ernte holt man viele heraus!«

»Wenn du die Löcher einzeln graben willst, wirst du bis Neujahr nicht fertig.«

»So geht es schneller: Einer macht die Löcher und zwei werfen die Kartoffeln hinein!«

»Und was ist das?«
»Möhrensamen. Die säen wir als Nächstes aus.«

»Den Hut nehm ich dir lieber ab, damit er nicht schmutzig wird.«

»So schöne gerade Furchen machen das Säen zum Vergnügen!«

»Gleich sind wir fertig. Und dann gehen wir alle nach Hause und stärken uns mit leckeren Butterbroten!«

»Jetzt singen wir noch ein lustiges Lied, dann geht es schneller.«

»Hoffentlich haben uns die Kleinen nicht zu sehr vermisst!«

»Nein, im Gegenteil! Sie sind ganz vertieft in ihr Kartenspiel.«

»Wir können aber nicht warten, bis das Gemüse und das Korn reif sind.«

»Aber wir können auch nicht abfahren, ohne das Strohdach zurechtzuschneiden.«

»So, jetzt könnt ihr anfangen. Pingo, du kämmst das Stroh glatt und Petzi schneidet es ab.«

»So sieht das Dach doch gleich ganz anders aus! Petzi, das machst du wie ein gelernter Friseur.«

»Entweder habe ich zu viel gekämmt oder Petzi hat zu viel abgeschnitten.«

»Jedenfalls muss das Stroh ganz schnell wieder zurück aufs Dach.«

»Dazu brauchen wir aber unbedingt eine Leiter. Kommt, wir suchen eine!«

»Leg das Stroh schön ordentlich hin, sonst weint Gerhard.«

»So eine Überraschung! Von hier hat man ja eine herrliche Aussicht!«

»Das Stroh muss trotzdem wieder aufs Dach, sonst regnet es euch in den Haferbrei.«

»Wenn alle fleißig mithelfen, geht es fast wie von selbst.«

»Auwei, jetzt kommt Sturm auf! Der weht uns das Stroh davon!«

»Ein richtiger Orkan! Halt bloß deine Mütze fest, Petzi! Schlimm genug, dass das ganze Stroh weggeflogen ist!«

»Ah, Gerhard! Ich bin ja so traurig, dass dein Dach weg ist!«

»Aber Petzilein, das macht doch nichts. Wir legen einfach Pappe darauf oder Blech.«

»Wir können auch Bretter nehmen. Bretter habe ich genug.«

»Wie wär's, wenn wir dann auch gleich einen Balkon anbauen?«

»Nein, noch besser: Wir setzen ein ganz neues Stockwerk obendrauf!«

»Es würde ungefähr so hoch werden wie dieses Brett.«

»Mit Brettern allein geht es nicht, Petzi. Die Wände müssen aus Ziegelsteinen gemauert werden.«

»Das ist eine gute Idee. Steine haben wir auch genug. Kommt, ich zeige sie euch.«

»In diesem Haus wohnt niemand mehr, weil es darin so zieht.«

»Die Ziegelsteine sind genau richtig. Aber wie kriegen wir sie zu deinem Haus?«

»Wir bitten einfach alle unsere Freunde uns zu helfen.«

»Guten Tag, Herr Doktor Hippo! Ist das nicht ein wunderschöner Tag?«

»Der Doktor ist wohl ein sehr kluger Mann. Vielleicht kann er uns helfen.«

»Entschuldigen Sie bitte, Herr Doktor, könnten Sie mal ganz kurz stehen bleiben?«

»Es geht um dieses Haus hier, sehen Sie?«

»Und jetzt riechen Sie mal diesen würzigen Pfeffer, Herr Doktor!«

»Das ist der gewaltigste Nieser, den ich je gehört habe!«

»Oh, ich habe das Haus zerniest! Ist das schlimm?«

»Nein, ganz im Gegenteil! Vielen Dank!«

»Wollen wir nicht doch lieber den Wagen holen?«

»Ich hätte nie gedacht, dass ein paar Ziegelsteine so viel wiegen!«

»Wir fangen einfach schon mal an. So schwer kann es ja nicht sein.«

»Sie haben einen Riesenspaß am Steineholen, seht ihr?«

»Ich bin ganz aufgeregt, Gerhard. Ich mauere doch zum ersten Mal!«

»Das machst du wirklich wie ein gelernter Maurer, Petzi!«

»Wärst du doch nur ein bisschen früher vorbeigelaufen, Seebär! Oder später!«

»Kein Wunder, Petzi! Ohne Mörtel hält die Mauer nicht!«

»Warum nehmt ihr nicht erst mal die Dachbalken weg?«

»Seht ihr! Das ist doch ganz leicht!«

»Hier kommt die letzte Latte. Jetzt könnt ihr weiterbauen.«

»Danke für den Mörtel, Pelle. Hast du auch noch einen Pinsel?«

»Siehst du, jetzt geht doch alles wie geschmiert!«

»Danke, Seebär! War das schon der letzte Stein?«

»Ihr seid genau im richtigen Augenblick gekommen mit eurer Fuhre!«

»Prima, dass du auch mithilfst, Ferkel. Das klappt ja wie am Schnürchen!«

»Sag mal, hat da nicht gerade jemand zum Essen gerufen?«

»Ja, du hast richtig gehört. Kommt runter, ihr beiden!«

»Ich kann nicht! Buhuhuuu! Ich sitze fest!«

»Hau ruck! Leider ist der Mörtel schon festgeworden.«

»Immerhin ist es ein Trost, dass du nicht runterfallen kannst!«

»Was mach ich bloß? Ich hab doch solchen Hunger!«

»Du glaubst doch nicht, dass wir dich verhungern lassen!«

»Hmmm! Gulasch! Mein Leibgericht! Danke, Petzi!«

»Da wir noch nicht wissen, wie wir dich befreien sollen, bauen wir erst mal weiter!«

»Wir mauern einfach um dich herum. Und wenn du wieder frei bist, machen wir das Loch zu.«

»Wir könnten doch ein Fenster bauen. Gerhard, wirf doch mal ein Brett rauf!«

»Nicht wackeln, Ferkel! Sonst wird das Fenster schief.«

»Noch einen ganz kleinen Moment Geduld, Ferkel. Gleich ist der Mörtel trocken!«

»Jetzt müssen wir aber wirklich überlegen, wie wir Ferkel befreien können!«

»Warum steigst du eigentlich nicht einfach aus deiner Hose?«

»Es ist nicht leicht, sich von einer lieben alten Hose zu trennen.«

»Pelle hat bestimmt eine andere Hose für dich.«

»Komm schon, Ferkelchen. Du musst uns noch mal helfen.«

»Sei so lieb und setz dich hierher. Hier soll nämlich auch ein Fenster hin.«

»Vorsicht, Petzi, hier kommt kein Mörtel hin! Diesmal will ich nicht aus meiner Hose steigen!«

»Dies ist die letzte Wand. Gleich haben wir es geschafft.«

»Zum Ausgleich stelle ich mich diesmal auf den Kopf.«

»Ich glaube kaum, dass die Fenster ohne mich auch so schön geworden wären.«

»Könnt ihr schon mal weiterbauen? Pelle, Pingo und ich haben noch was zu besprechen.«

»Ich weiß schon: Jetzt bauen wir Gerhard seinen Balkon!«

»Dieser Pfosten ist wohl ein bisschen zu groß für den Balkon.«

»Wenn Trine ihn eingräbt, hat er genau die richtige Länge.«

»Lass mich das machen, Petzi, der ist ja viel zu schwer für dich.«

»Mensch, Trine, du hast ja bis zum Grundwasser gegraben!«

»Und wie willst du da raufkommen, Petzi?«

»Trine, du bist viel besser als eine Leiter.«

»Nicht wackeln, Trine, sonst wird der Balkon ganz schief!«

»Dann werd ich inzwischen schon mal die Dachbalken hinlegen.«

»Wo bleibt denn das letzte Brett, Pingo?«

»Endlich, der Balkon ist fertig. Wie weit wohl Gerhard und Ferkelchen sind?«

»Jetzt verstehe ich, weshalb die Maurer zuerst in die Lehre gehen müssen.«

»Ein Glück, dass nicht dein Ziegenbart festgeklebt ist. Den hätten wir abschneiden müssen!«

»Erst hat Gerhard seinen Topf umgeworfen, und als ich ihm helfen wollte, ist meiner auch umgefallen.«

»Jetzt kannst du raufkommen, Trine. Der Balkon ist fertig.«

»Das war wirklich eine gute Idee von euch, Petzi. Hier werden wir sicher oft sitzen.«

»So langsam krieg ich ziemlichen Hunger. Du nicht auch, Petzi?«

»Du hast dich aber beeilt, Trine! Hast du eine Pfannkuchen-Backmaschine?«

»Alle Bauarbeiter hierher. Jetzt fängt das große Richtfest an.«

»Moment, ich hab die Küken mitgebracht. Sonst sind sie ja ganz alleine.«